廣論止觀初探

第一卷 止觀總說

出版緣起

　　至尊宗喀巴大師（1357 － 1419），依阿底峽尊者《菩提道炬論》為基，著作了曠世巨著——《菩提道次第廣論》（以下簡稱《廣論》），此論以三士道為架構，總攝一切佛語扼要為一凡夫至成佛所應修持之道次第，並以諸大經論為依據，引領志求佛道者依循三主要道——出離心、菩提心、空正見，最終獲證無上菩提的果位。為令具緣者獲得真實的饒益，宗喀巴大師在後二波羅蜜多開展出〈奢摩他〉及〈毗缽舍那〉（即寂止與勝觀，簡稱止觀）二章，篇幅足佔半部《廣論》，理路嚴謹、破邪顯正，闡揚諸大教典清淨的見地，足見大師深廣的悲心與智慧。

　　恩師^上日^下常老和尚（1929 － 2004），深見《廣論》教授之殊勝，首於 1988 年圓滿講述《廣論》160 卷錄音帶，然而對於止觀章，老和尚當年僅簡要開示，然因眾弟子因緣尚不成熟，始終未能廣講。

　　真如老師曾從任杰老居士聽聞《四百論》、《入中論》等中觀論典；也在拉卜楞寺的洛桑嘉措上師座前聽受《略論‧毗缽舍那》；在哈爾瓦‧嘉木樣洛周仁波切座前分別求得《廣論》及《廣論‧四家合註》的講說誦授傳承；也在哲蚌寺果芒僧院大格西功德海座下聽受《入中論辨析》等教授。日常老和尚數數讚許真如老師深體般若真義，於晚年將宣講《廣論》止觀章之重任囑咐老師。

2004 年來，真如老師謹遵師教，荷擔福智團體僧俗學修之重任，傳持老和尚依法調伏之宗風，並積極推動恭誦《大般若波羅蜜多經》，為修學圓滿教法累積廣大資糧。2018 年起，真如老師也帶領僧俗弟子重新深入《廣論》，開始宣講《廣海明月》，在老和尚所築構之深厚基礎上，數數策發弟子對般若空性的熾盛希求。

世間老病交煎、無常迅速的生命相狀，是老師的椎心之痛，全球嚴峻的大流行疫情，更顯生死之苦的難忍。宗喀巴大師於《緣起讚》中說：「世間所有諸衰損，其根乃為無明暗，由何觀照能還滅，是故宣說緣起法。」因此，痛苦越是劇烈，老師宣講止觀的心意也越發熾烈。

　　在 2020 年 10 月 15 日──日常老和尚圓寂 16 週年的紀念日，真如老師正式開講「廣論止觀初探」。老師懷著潔白清淨的悲心，精勤研閱止觀的教授，嚴格遵循《廣論・四家合註》及五大論等教理，詳思審度、殫精竭慮，力求傳遞清晰正確的義理，只為以空性這帖不死的甘露藥為餽贈，徹底醫治天下生老病死。

　　真如老師以每週一次線上影像檔的方式，帶領僧俗弟子逐字逐句研討《廣論》止觀章，將法義巧便送入所化機心中。諄諄教誨有如盞盞明燈，指引學人避開斷常二邊的險崖，遠離錯謬見解的溝壑。老師亦時常鼓勵弟子珍惜善根、發歡喜心堅持學習，即使甚深空性的天空廣袤地令人望而生畏，但是依著善知識的引領，具信的弟子們也能乘著強大的信心之風，如雄鷹般翱翔於無邊的正理蒼穹。

　　應世界各地學人的希求，弟子們將開示輯錄成冊，正式付梓，願令學法道侶喜沾甘露法語之潤澤，同受無垢正理之救怙，直趣無上菩提之正道。

祈願正法久住，善士久住！

祈願世界和平，眾生安樂！

祈願全人類早日穿越疫情的苦痛，安康吉祥！

大慈恩譯經基金會　謹識

編輯凡例

一、《廣論止觀初探》收錄真如老師於 2020 年 10 月
　　起，開始講授《菩提道次第廣論》之〈奢摩他〉及
　　〈毗缽舍那〉之開示。由弟子們錄影、整理文稿，各
　　講次均按順序編號，並標記各段落影音檔之時間點，
　　便於讀者相互查閱。各講次雖為真如老師於不同時間
　　所錄製而成，然內容實為相互連貫。

二、本書引用之《菩提道次第廣論》原文，根據大慈恩・
　　月光國際譯經院於《菩提道次第廣論四家合註白話校
　　註集 5・奢摩他》（台北市：福智文化，2021）所改
　　譯之版本。與法尊法師譯《菩提道次第廣論》原文略
　　有差異，為令讀者易於參照，故於書前附上改譯版
　　本，並於各講第一頁標示奢摩他校訂本與福智第三版
　　之頁數與行數。

三、本書所引《菩提道次第廣論》原文以及其他經典，皆
　　採**黑色粗楷體**。《菩提道次第廣論》科判以**黑色粗
　　明體**呈現。真如老師講授文字以黑色細明體呈現。

四、《菩提道次第廣論四家合註》之四位祖師箋註分別為
　　巴梭法王箋註、妙音笑大師箋註、語王堅穩尊者箋

註、札帝格西箋註。在本書中巴梭法王箋註以紅字呈現，並於每段箋註前標上小字的 🔴；妙音笑大師的箋註，其箋註以藍字呈現，並於每段箋註前標上小字的 🔵；語王堅穩尊者箋註以綠字呈現，並於每段箋註前標上小字的 🟢；札帝格西箋註只註解毗缽舍那的部分，其箋註以褐字呈現，並依藏文母本不作標記。

五、本書所列之章節、標題和文中段落標題，為編輯所加入，旨在幫助讀者易於分辨、理解正文及引用經文。

六、真如老師開示時，於語句中未明示，但以手勢表達意涵者，為使文意清晰，會在原文後插入（）內容，加以註解。

七、本書附錄講次與廣論段落對照表，以表格整理講次、章節、標題、影音檔長度及廣論段落，便於讀者學習時查閱。

八、每一講次前皆附上該講次影音檔 QR code，以利讀者掃描至大慈恩譯經基金會（https://www.amrtf.org）之〈廣論止觀初探〉課程網頁，學習每一講開示。

九、本書雖經反覆審校，然詞義舛誤，掛一漏萬之處難以避免，懇請博雅碩學，十方大德不吝斧正是幸！

目錄

敬禮勝尊具大悲者足。

^{第二、}**別學後二波羅蜜多者**，謂修奢摩他、毘鉢舍那道理。此二如其次第，即是靜慮及慧波羅蜜多之所攝故。

此中分六：^{一、}**修習止觀之勝利；**^{二、}**顯示此二攝一切定；**^{三、}**止觀自性；**^{四、}**須雙修之因相；**^{五、}**次第決定之理；**^{六、}**各別學法。今初：**

大小二乘世出世間一切功德，皆止觀之果。如《解深密經》云：「慈氏，若諸聲聞、若諸菩薩、若諸如來所有世間及出世間一切善法，應知皆是此奢摩他、毘鉢舍那所得之果。」若謂止觀，豈非已得修所成者相續功德，今說彼一切功德皆止觀之果，云何應理？答：如下所說真實止觀，實是已得修所成者相續之德，則大小乘一切功德，非盡彼二之果，然於善所緣心一境性以上諸三摩地，悉皆攝為奢摩他品，及凡簡擇如所有性、盡所有性義諸妙善慧，悉皆攝為毘缽舍那品。故密意說三乘所有一切功德皆止觀之果，無相違過。又於此義，《修信大乘經》亦密意說云：「善男子，由此異門，說諸菩薩盡其所有大乘信解，大乘出生，應知皆是無散亂心正思法、義之所出生。」無散亂心，謂奢摩他品心一境性；正思法、義，謂毘缽舍那品妙觀察慧。故大小乘一切功德，皆以觀慧思擇而修，及於所緣心一境性二所成辦，非唯止修或唯觀修一分而成。

又《解深密經》云：「眾生由修觀，以及奢摩他，乃從粗重縛，及相縛解脫。」言粗重者，謂心相續中所住習氣，增長顛倒有境堪能；相者，謂於顛倒境前後所生耽著，潤彼習氣。前者為觀所斷，後者為止所斷，是為《般若波羅蜜多教授論》所說。此等是引有止觀名者所有勝利，餘未說止觀名者，凡說靜慮般若勝利，其義同故，應知皆是止觀勝利。

第二者：譬如一樹，雖有無邊枝葉花果，然總攝彼一切之扼要者厥為根本。如是經說大小乘無邊三摩地，然總攝彼一切之宗要，厥為止觀。如《解深密經》云：「如我所說無量聲聞、菩薩、如來有無量種勝三摩地，當知一切皆此所攝。」故欲求定者，不能尋求無邊差別，應善尋求一切等持總綱——止觀二者將護道理，一切時中恆應修學。如《修次下篇》云：「世尊雖說諸菩薩眾無量無數等持差別，然止觀二者能遍一切勝三摩地，故當說彼止觀雙運轉道。」《修次中篇》云：「由此二者能攝一切三摩地故，諸瑜伽師一切時中定應修學止觀。」

第三中，奢摩他自性者，如《解深密經》云：「即於如是善思惟法，獨處空閒，內正安住，作意思惟；復即於此能思惟心，內心相續作意思惟，如是正行多安住故，起身輕安及心輕安，是名奢摩他。如是是為菩薩遍尋奢摩他。」義謂隨所定解十二分教中五蘊等義為所緣境，緣彼之心不向餘散，由念正知於彼所緣相續繫念，故心於境能任運住，若時生起身心輕安所有喜樂，此三摩地即奢摩他。此由內攝其心不散所緣即能生起,不要通達諸法真實。

毘缽舍那自性者,即前經云:「彼由獲得身心輕安為所依故,捨離心相,即於如所善思惟法,內三摩地所行影像,觀察勝解。即於如是勝三摩地所行影像所知義中,能正思擇、最極思擇、周遍尋思、周遍伺察,若忍、若樂、若覺、若見、若觀,是名毘缽舍那。如是是為菩薩善巧毘缽舍那。」此經宣說毘缽舍那是觀察慧,最極明顯無可抵賴。傳說支那堪布見已謗云:「此是經否,不得而知。」用足毀踏。因彼妄計一切分別皆執實相,要棄觀慧全不作意,乃為修習甚深法義,不順此經,故用足毀。現見多有隨此派者。聖無著說:「正思擇者,謂思擇盡所有性;最極思擇,謂思擇如所有性;以有分別慧作意取諸相時,名周遍尋思;真實觀時,名周遍伺察。」尋謂粗思,伺謂細察。取諸相者,非是實執,是分辨境相。由是思擇如所有性、盡所有性,皆有周遍尋思及周遍伺察。

　　《寶雲經》說義同《深密》，亦明顯云：「奢摩他
者，謂心一境性。毘鉢舍那者，謂正觀察。」慈尊於
《莊嚴經論》亦云：「應知諸法名，總集為止道，應知
妙觀道，思擇諸法義。」又云：「正住為所依，心安住
於心，及善擇法故，是寂止勝觀。」依正定住心說名為
止，善擇法慧說名為觀。前經密意作是解已，令更不能
別解經義。《菩薩地》亦云：「於離言說唯事唯義所緣
境中繫心令住，離諸戲論，離心擾亂想作意故，於諸所
緣而作勝解，於諸定相令心內住、安住，廣說乃至一趣
等持，是名奢摩他。云何毘鉢舍那？由奢摩他熏修作
意，即於如先所思惟法，作意其相，如理簡擇、最極簡
擇、極簡擇法，廣說乃至覺明慧行，是名毘鉢舍那。」
此與前說極相隨順。此文如前雙解經意及慈尊意，能於
前文所明止觀堅固定解。《修次中篇》亦云：「外境散
亂既止息已，於內所緣，恆常相續任運而轉，安住歡喜
輕安之心，是名奢摩他。即由安住奢摩他時，但唯於彼
思擇之者，是名毘鉢舍那。」

　　《般若波羅蜜多教授論》亦云：「盡所有性、如所有性無分別影像者，是止所緣。盡所有性、如所有性有分別影像者，是觀所緣。」此說於如所有性、盡所有性之義，不分別住，名奢摩他；思擇二境，名毘缽舍那。以此亦即《深密》密意，如云：「世尊，幾是奢摩他所緣？告曰：一種，謂無分別影像。幾是毘缽舍那所緣？告曰：一種，謂有分別影像。幾是俱所緣？告曰：有二，謂事邊際、所作成辦。」《集論》於事邊際，開說如所有性及盡所有性之二。由是如前寂靜論師所說，止觀皆有緣取如所有性、盡所有性二者。是故止觀非就所緣境相而分，既有通達空性之止，亦有不達空性之觀。若能止心於外境轉，住內所緣故名寂止，增上觀照故名勝觀。

　　有說內心無分別住，無有明了之明分力，說名為止；有明分力，說名為觀。此不應理，以與佛經及慈尊、無著之論，並《修次第》等諸廣決擇止觀相者，說於所緣心一境性勝三摩地名奢摩他，於所知義正簡擇慧名毘缽舍那皆相違故。特於無分別心有無明了之明分力者，是因三摩地有無沈沒之差別，以此為止觀之差別，極不應理，以一切奢摩他定皆須離沈，凡離沈沒三摩地中，心皆定有明淨分故。

故緣如所有性之定、慧，是就內心證與未證二無我境隨一而定，非就其心住與不住明了、安樂、無分別相而為判別，以心未趣向無我真實者，亦有無量明、樂、無分別三摩地故。現前可證，雖未獲得實性見解，但可執心令無分別，故未解空性，生無分別定，無少相違。若能由此久攝其心，以攝心力生堪能風，彼生起時，身心法爾能生喜樂，故生安樂亦不相違。喜樂生已，即由喜樂受相明了力，能令心起明分。故說一切明了、安樂、無分別定，皆證真性，全無確證。故證空性妙三摩地，雖有明、樂、無所分別，諸未趣向空性之定，亦有極多明了、安樂及無分別，故應善辨二定差別。

第四、須雙修止觀之因相：修止觀一種，何非完足，必雙修耶？答：譬如夜間，為觀壁畫而燃燈燭，若燈明亮無風擾動，乃能明見諸像；若燈不明，或燈雖明而有風動，是則不能明見諸色。如是為觀甚深義故，若具無倒定解真義妙慧，及心於所緣如欲安住而無擾動，乃能明見真實。若僅具有住心不散無分別定，然無通達實性妙慧，是離能見實性之眼，於三摩地任何薰修，然終不能證真實性。若雖有見能悟無我真實性義，然無正定令心專一堅固安住，則無自在為動搖分別風所攪擾，遂終不能明見實義，是故雙須止觀二者。如《修次中篇》云：「唯觀離止如風中燭，瑜伽師心於境散亂不能堅住，以是不生明了智光，故當同等習近二者。由此《大般涅槃經》亦云：『聲聞不見如來種性，以定力強故，慧力劣故。菩薩雖見而不明顯，慧力強故，定力劣故。唯有如來遍見一切，止觀等故。』由止力故如無風燭，諸分別風不能動心；由觀力故，永斷一切諸惡見網，不為他破。《月燈經》云：『由止力無動，由觀故如山。』」心無散亂，自然安住所緣，是修止迹；由證無我之真實性，斷我見等一切惡見，敵不能動，猶如山獄，是修觀迹。故於此二應各分別。

　　又於未成奢摩他前，雖以觀慧觀無我義，心極動搖如風中燭，無我義總亦不明顯。若成止後而善觀察，則已滅除極動過失，方能明了無我義總。故毘缽舍那心不動分，是從無分別奢摩他生，達實義分非從止生。譬如燈能照色之分，是從前炷及火而生，非從遮風帳幔等起，燈火不動堅固之分，則從帳幔等生。若慧具足心無沈掉不平等相奢摩他之等引，以彼觀之，當知真實之義。故《正攝法經》密意說云：「由心住定，乃能如實了知真實。」《修次初篇》云：「心動如水，無止為依，不能安住；非等引心，不能如實了知真義。故世尊亦說：『由心住定，乃能如實了知真實。』」又若成就奢摩他，非僅能遮正觀無我性慧動搖過失，即修無常、業果、生死過患、慈悲、菩提心等，凡此一切妙觀察慧所觀察修，於所緣境散亂過失，亦皆能遣。各於所緣無散亂故，所修眾善力皆極大；未得止前多是散於其餘所緣，故所修善皆悉微劣。如《入行論》云：「諸人心散亂，住煩惱齒中。」又云：「雖經長時修念誦苦行等，心散亂所作，佛說無義利。」

如是成就無分別住等持，心於所緣不餘散者，義為令心於善所緣，成就堪能任欲遣使。此復繫心於一所緣即能安住，欲令起時，亦於無邊善所緣境如欲而轉，如濬溝渠引諸流水。故成止後，更須將護所緣行相，謂緣如所有及盡所有境智慧、施心、戒心、忍辱、精進、淨信及厭離等，諸能攝無邊善、滅無邊失者，若唯安住一所緣境者，是未了知修止之義，應知不能令於善行起大功效。如是若捨行品、觀品妙觀察慧所觀察修，唯修三摩地心一境性，其利極小。

尤於無我義，若無引生恆常猛利定解方便，謂以觀慧觀擇將護，如是緣如所有性毘缽舍那，縱久修習正奢摩他，僅容壓伏現行煩惱，終不能斷煩惱種子。故非唯修止，亦定應修觀。如《修次中篇》云：「諸瑜伽師若唯修止，唯能暫伏煩惱，不能斷障，以未發生智慧光明，則定不能壞隨眠故。《解深密經》云：『由靜慮故，降伏煩惱；由般若故，善摧隨眠。』《三摩地王經》亦云：『雖善修正定，不能破我想，後為煩惱亂，如勝行修定。若觀法無我，觀已善修習，是證涅槃因，非餘能寂滅。』《菩薩藏經》亦云：『若未聞此菩薩藏法門，亦未聽聞聖法毘奈耶，唯三摩地而得喜足，為我慢轉墮增上慢，不能解脫生、老、病、死、愁、嘆、苦、憂及諸衰惱，不能解脫六道輪迴，亦復不能解脫苦蘊。如來於此密意說云：「從他聽聞隨順，解脫老死。」』故欲斷諸障發淨智者，應依奢摩他而修妙慧。《寶積經》亦云：『住戒能得定，得定能修慧，由慧得淨智，智淨戒圓滿。』《修信大乘經》亦云：『善男子，若諸菩薩不住於慧，我不說彼能信大乘，能生大乘。』」

　　第五、**次第決定之理者**：如《入行論》云：「當知具止觀，能摧諸煩惱，故應先求止。」謂先修止，次依止故，乃修妙觀。

　　若作是念：「《修次初篇》云：『此之所緣無定。』此說止緣無有決定。前文亦說，止所緣中俱有有法、法性。故先了解無我深義，緣彼而修，則心無散亂之止及緣空性之觀即可俱起，何必先求奢摩他已，次乃修觀耶？」答：此說止為勝觀前行之理者，非說引生證無我正見之領解，須先修止，雖無止者，亦能生正見故。又此正見內生轉心覺受，亦不須以止為先，以無止者，僅以觀慧數數思擇串習，亦能轉心，無所違故；以若相違，則修無常、生死過患、菩提心等，引生轉心覺受，皆須依止，太為過失，理相等故。

　　若爾，觀須寂止，道理為何？於此《解深密經》說：「若以觀慧而修思擇、最極思擇，乃至未起身心輕安，爾時但是毘缽舍那隨順作意，生輕安已乃名妙觀。」故若未得止，縱以觀慧任作何許觀修，終不能發身心輕安所有喜樂。若得止已，後以觀慧思擇而修，輕安乃生，故觀須止為因，下當廣說。

　　是故觀慧不住一境，即以思擇之力，若能引發輕安之時，乃是成辦毘缽舍那。雖緣空性為境，若但由其住一所緣，引生輕安，仍未能出修止之法，僅此不立即得毘缽舍那。以初未得寂止，先求了解無我之義，次緣此義數數思擇，由此思擇終不得止。若不思擇安住而修，由此為依雖可得止，然除修止之法，而無修觀之法，更須求觀。故仍未出先求止已，依此而修勝觀次第。

　　若不以別別觀察之觀修引發輕安，作為發觀之理，則先求止，次乃依之修觀，全無正理。若不如是次第而修，亦極非理，以如前引《解深密經》，說要依獲得奢摩他乃修毘缽舍那。又「依前而生後」，說六度中靜慮與般若之次第，及依增上定學而生增上慧學之次第，皆先修止而後修觀次第。又如前引《菩薩地》文，《聲聞地》亦說，當依奢摩他而修毘缽舍那。《中觀心論》及《入行論》、《修次》三篇、智稱論師、寂靜論師等，皆說先求奢摩他已，後修勝觀。故印度少數論師，有說無須別求正奢摩他，最初即以觀慧思擇，亦能引生毘缽舍那者，違諸大車所造論典，非諸智者可憑信處。

又此止觀次第，是就最初新生之時應如是修，後亦可先修毘缽舍那，次修奢摩他，故無決定次第。若爾，何故《集論》說「有先得勝觀而未得止，彼應依觀而勤修止」耶？答：此非說未得第一靜慮近分定所攝之止，是說未得第一靜慮根本定以上之止。此復是說現證四諦已，次依此觀，而修第一靜慮以上之止。《本地分》云：「又已如實善知從苦至道，然未能得初靜慮等，彼便宴坐，無間住心，更不擇法，是依增上慧而修增上心。」又為便於立言說故，於九住心通說為止，思擇等四通說名觀。然真實止觀如下所說，要生輕安乃可安立。

《廣論》段落

《菩提道次第廣論・奢摩他》校訂本（台北市：福智文化，2021）：P12-L2～P31-L10
《菩提道次第廣論》第三版（台北市：福智之聲出版社，2010）：P336-L2～P346-L1

廣論止觀初探

止觀總說

講次0001
止觀要旨總說

佛子雖逢難，善增罪不生

　　今年是非比尋常的一年，全球都經歷了疫情的考驗，而很多國家現在仍然在經歷第二波疫情。在這中間，很多人因此失去了生命，我們盡力為往生者誦經迴向，好好地安慰那些經歷了傷痛的家人、朋友。而醫生護士這些作為醫護的工作人員，今年更是極為艱辛、極具挑戰的一年，感恩他們的無私奉獻，使很多人又被救回了生命。在疫情期間，為這個世界少一分痛苦、多一些溫暖，堅持奉獻的人們，一併獻上我們的禮敬和感恩。1'26"

　　因為必須隔離，才能對抗蔓延的疫情，很多人的工作、財產、心理，其實都受到了重創或者創傷，在《入行論》中說：「**佛子雖逢難，善增罪不生。**」對於我們的

編按：此講開示時，仍未改譯《廣論》原文，故引文仍沿用法尊法師原譯。

生命來說，無論是身處逆境還是順境，能夠造集善業，都是令人歡喜的，因為善因會感得樂果，是最為吉祥。所以，祈願大家努力振作，珍惜活著的每一天，繼續創造生命的美好，還有生命的奇蹟！ 2'18"

因為疫情，憶師恩轉為了線上，希望大家能夠投注真心！此時此刻，我們齊聚一堂，憶念師父、供養師父。在疫情期間，出家人努力地聞思修，居士們也從沒有間斷學習正法，以此供養令正法久住、令師歡喜，願此功德能迴向眾生，希望眾生都得到安樂！ 3'04"

2020 年我們開始學習止觀

師父在三十多年前，在漢地用漢語為我們宣講了《廣論》，並且開創了一種學習《廣論》的方式，就是廣論班。我們在座的所有的人，可以說幾乎都是因為師父的恩德，今天才有機會學習到宗大師的教法。在這麼多年當中，師父在我們的心續裡，建立了對於皈依三寶、深信業果，還有出離心、菩提心的這些正知見，我們在心中漸漸地生起了一顆好樂希求趣入成佛之道的心，並且腳踏實地地從調伏內心、取捨業果開始修起，這一切的基礎，都是師父為了讓我們更進一步學習後面的道次第所做的準備。4'10"

在大大小小的開示中，師父不遺餘力地啟發我們建立教法、饒益他人之心，比如說從一開始的觀功念恩、代人著想，然後為我們講了許多經論，啟發我們從入道之初就能夠歡喜大乘、嚮往大乘，乃至真正地走向大乘。4'36"

像打開很多同學的《廣論》書，我們的前半部分，因為常常翻閱，顏色都是有點暗，但是後半部的止觀卻潔白如許。多年來，我們都致力於前半部分《廣論》的學習。我這本是新的，看得不明顯，我的舊書也是非常明顯，前半部都是有點暗的。所以我們致力於前半部的學習，對於《廣論》後二度還沒有正式地開始學，雖然毗缽舍那師父也有請師長為我們講過，但是只有少部分的法師完整地聽過一遍，至於奢摩他完全沒有學。5'24"

在大乘當中最主要的修持是什麼呀？就是六度對吧？六度當中的靜慮波羅蜜，以及般若波羅蜜——有在認真聽嗎——也是禪定與證達空性的智慧，這兩點是最為甚深，也是最容易因為沒有足夠的基礎、正確的引導，會誤入歧途的。我們都可能有同樣的觀感，禪定極具魅力，具有難思的魅力，很多人、很多修行人一上手就想要修定，可是如果沒有系統地學習前面的道次第，可能就會出麻煩。比如師父就跟我們說過：有人有捨世專修之心，這是非常不容易的！他到山上去修行，住在非常簡陋的茅棚裡邊，物質生活也降到了最低，每天打坐，可是上了座就開始昏沉。然後一年兩年三年，如果十年之後去看了，哇！這個上座還是在昏沉，還是如此，如果一生如此的話，豈不是虛度了嗎？所以師父在開示中都有告訴我們，有人費了這麼大的力氣修行，費了這麼大的苦心，可是卻在昏沉的這種狀態之中修行了一生。所以，這完全是不入道的一種修行，浪費了生命是非常可惜的。7'41"

還有的人，觀想一片虛無、空白，就是好像什麼也不想，就認為自己是在修空性，甚至因此毀壞了業果的取捨。這些都是因為沒有前面的基礎，以及正確的引導所產生的過失。我的善知識們也說過：「學習止觀最重要的就是前行的基礎，而這個基礎最主要的就是要修習暇滿、無常，然後皈依、業果。」師父這麼多年來，教導我們學習《廣論》的道次第，就是希望我們能打下堅實的基礎，進而有資糧學習止觀。8'30"

好多年了，許多學員都非常非常希求止觀的學習，然後我也收到非常非常多學員的來信，每到一處他們就說：「我們要學習毗缽舍那！什麼時候學習毗缽舍那？」都希望能學習毗缽舍那，就學習止觀。其實，這也是師父的心願。然後這兩年來，我一直跟大家說，我們一定要開始學習止觀，今年 2020 年一定會開始講、開始學。很多同學對於毗缽舍那空性的法類非常地希求，而我也請示了善知識，要學習毗缽舍那，要依著次第，要先學奢摩他才如法。而且要生起毗缽舍那也一定要先生起奢摩他，所以今年我們就從奢摩他開始學習，也算是學習毗缽舍那那一部分的內容。9'35"

藉著這個因緣，今天我也希望非常簡要地跟大家一起學習一下止觀的概要。9'46"

請大家認真聽！9'52"

止觀的字面意涵

提到止觀，也就是奢摩他和毗缽舍那。奢摩他是梵文的音譯，義譯就是寂止、寂住，止息沉掉，安住於所緣上，所以稱之為寂止，這是從字面上來解釋的。毗缽舍那也是梵文的音譯，義譯就是勝觀。勝觀是相對於誰的勝觀呢？也就是看見了比奢摩他所見更為超勝的內容，也就是透過觀察抉擇，看得比奢摩他更加地清晰，更加地透徹，所以稱之為勝觀，這是從字面上來解釋。10'52"

修習止觀的勝利

那我們修行人為什麼要學習止觀呢？這個就可以請大家翻開《廣論》336 頁第 7 行，「**如《解深密經》**

云」，注意喔！《解深密經》會回答我們這個問題：「**慈氏，若諸聲聞、若諸菩薩、若諸如來所有世間及出世間一切善法，應知皆是此奢摩他、毘缽舍那所得之果。**」有看到吧？所以在這經典裡邊說，無論大乘還是小乘、無論世間還是出世間的一切功德，注意喔！不是一部分的功德而已，也不是大部分的功德，而是一切的功德，那麼所有一切的功德，都是止觀的果，也就是說如果我們的心中無法生起止觀的品類、隨順的止觀，甚至是真正的止觀，我們是沒有辦法獲得任何功德的。12'23"

止觀能攝一切三摩地

在經論當中宣說了無量無邊的三摩地，而止觀就是這一切一切的總綱。請大家再翻開《廣論》，還是 337 頁的倒數第 3 行，有蓮花戒論師所造的《修次下篇》。看！《修次下篇》云：「**世尊雖說諸菩薩眾無量無數等持差別，然止觀二品能遍一切勝三摩地，當說止觀雙運轉道。**」佛陀雖然宣說了菩薩無量無數的等持，也就是三摩地，但是止觀能夠遍攝一切三摩地，所以應當宣說止觀雙運的道。13'24"

奢摩他的定義

大小乘一切世出世間的功德既然都是止觀或隨順的止觀、止觀品類的果，那麼到底什麼是奢摩他呢？這個奢摩他有一個特色，異於我們平常狀態的一個特色，就是有輕安——至於什麼是輕安？可以在我們學習奢摩他的時候學——喜樂、輕安；然後它這個輕安還是殊勝的輕安，被殊勝的輕安所攝持、修所成的——注意——三摩地，就是奢摩他。14'16"

那麼換句話說，止息了沉、止息了掉舉，然後這種非常專一、安住在善所緣上，被殊勝的輕安所攝持的，這就是一個奢摩他的狀態。那麼《廣論》上怎麼定義的呢？看一看《廣論》的 339 頁倒數第 4 行，《修次中篇》亦云：「**外境散亂既止息已，於內所緣，恆常相續任運而轉，安住歡喜輕安之心，是名奢摩他。**」有看到吧？這個我們就是要開始學。止息了對外境的散亂，恆常相續地趣入內在的所緣，安住於具足歡喜以及輕安的心，就是奢摩他。15'33"

那麼奢摩他到底是什麼？是不是一種心的狀態？心的狀態！只不過它是止息了對外境的散亂，恆常相續地趣入我們內在的所緣，然後它是安住，就是一直輕鬆地、不用費力氣地具足歡喜和輕安這樣的一個心的狀態，就是奢摩他。16'04"

毗缽舍那的定義

那麼著名的毗缽舍那，在這兩年到處會聽到同學說：「想學毗缽舍那、想聽毗缽舍那」，那麼到底什麼是毗缽舍那呢？在奢摩他的基礎上，被抉擇力引生的殊勝輕安所攝持的智慧，就是毗缽舍那。換句話說，在奢摩他的基礎上，更進一步地去觀察所緣境，透過觀察抉擇的力量引生了輕安 —— 注意喔！這又是一種輕安，不是奢摩他的輕安，是透過觀察抉擇的力量引生的輕安 —— 這時候就獲得了毗缽舍那，獲得了毗缽舍那的時候就獲得了什麼呀？止觀雙運。因為在原來的奢摩他的基礎上，又獲得了毗缽舍那，所以獲得了止觀雙運。17'10"

那麼在《廣論》，還是 339 頁倒數第 3 行，說：「**即由安住奢摩他時，思擇真實，是名毗缽舍那。**」這個還是《修次中篇》，蓮花戒論師寫的。什麼意思呢？就是說安住於奢摩他，然後思擇那個境，就是毗缽舍那。17'42"

止觀二者理須雙修

奢摩他的定義、毗缽舍那的定義，還有為什麼會修習止觀，我們大概都聽了一下。那麼接下來會不會有一個問題，說：「我們可不可以只修毗缽舍那，或者只修奢摩他呢？」因為有的人比較相應修定，可能只想打坐，只想修定；然後有的人比較喜歡抉擇，喜歡觀察抉擇，可能只想修觀、勝觀，修毗缽舍那。可不可以只修奢摩他，或者只修毗缽舍那呢？18'34"

這個問題到哪裡去找答案呢？還是在《廣論》上，請大家看341頁的倒數第5行，《修次中篇》中說：「**唯觀離止如風中燭，瑜伽師心於境散亂不能堅住，不生明了智慧光明，故當雙修。**」我們可以舉個例子來說明，《廣論》的這段文字在說什麼呢？比如說，在夜晚，我們去看一個很古老的牆上的壁畫，我們想看清楚這個牆上的壁畫，所以要點燃燈燭。可是如果風很大，即使點燃了蠟燭，我們也是看不清牆上的壁畫，因為那個燭火在顫動，可能在顫動的那個中間我們是無法分清楚，這個壁畫到底是看不清楚的；如果沒風，可是燈非常暗，比如就像豆粒那麼小的一點光，可是那個壁畫很大很大，我們也是很難看清全部，無法看清楚牆上的壁畫。所以它必須風也不大、燈又很亮這兩者，才能看清楚壁畫。同樣地，如果沒有奢摩他，我們的心就會被沉掉的風所擾動，沒法安住，無法清晰地看見空性；可是如果沒有毗缽舍那的話，就是沒有亮，沒有那個燭光，我們的心就像處在黑暗中，沒有光明，也無法清晰地看見空性，如果在黑暗中，應該一點也看不到，別說清晰了。所以必須透過修學奢摩他和毗缽舍那，才能夠清晰地看見空性的內涵。請問為什麼要看見空性的內涵呢？那為什麼要修行？要了脫生死，不僅要了脫自己的，還要了脫所有有情的，所以空性一定要看清楚、一定要了解，這就是為什麼要修學止觀二者的原因。21'24"

止觀二者的次第

那麼，是否要先生起奢摩他之後，才生起毗缽舍那呢？次第是這樣的嗎？答案是確定的嗎？大家可以看看宗大師在《廣論》上是怎麼講的，應該是在 344 頁，宗大師在《廣論》上引了《入行論》，在 344 頁正數第 2 行，《入行論》云：「**當知具止觀，能摧諸煩惱，故應先求止。**」所以說：「**謂先修止，次依止故，乃修妙觀。**」必須要生起奢摩他之後，才能獲得毗缽舍那，不可能先獲得毗缽舍那之後再獲得奢摩他。我們也一定要依著次第，依著正確的次第來修學。22'29"

講次0002
止觀修持次第概要

修奢摩他的資糧

那麼，首先要學習奢摩他的話，我們正式學習奢摩他之前，要具備修學奢摩他的資糧。奢摩他的資糧有六個。0'28"

第一個是要安住在具足順緣的地方，聽起來就很美好，具足順緣的地方就很順心。第一個講的是外環境。第二個、第三個、第四個、第五個都是要向內心的。比如第二個叫少欲，第三個是要知足，第四個是要斷除雜務，就是不要有太多的雜事，因為有雜事是沒法修習奢摩他的，比如說坐著修定，過一會想想這個事情沒做，那個事情要看一下，就像現在一會想去翻翻手機，然後翻翻這個、翻翻那個，應該是沒辦法修止的、沒辦法修定的。所以如果想要以後修定的同學，現在要控制一下自己對手機的依靠感，因為一旦你把手機關機，或者不拿手機的時候，可能會焦慮，養成了依賴它的習慣，所以要想修止的話，從現在就開始要斷除這些雜務。1'42"

那麼第五個也很重要，要持守清淨的戒律，大家都知道是由戒生定，所以戒律的持守是修習定的人一定要過的……你說一關也行，說是功夫也可以，因為如果沒有清淨持律攝心的習慣，也很難坐得下來調伏這個狂心啊！像野馬一樣奔騰的狂心，不經過戒律的調治，直接進入定也是很困難的，所以戒律的持守、持守清淨的律儀也是止觀的資糧。第六個就是斷除貪欲等惡的尋思，就是這個心不能緣在這些事情上。那麼在其他的論典裡也提到了不同的資糧。2'38"

修奢摩他的次第

那麼在具足奢摩他的資糧之後，在修習奢摩他的時候，要有非常完整的修行次第，比如說打坐的時候要具足怎樣的威儀、垂簾等等，怎麼樣的盤坐、怎麼樣的手勢，內心要緣著什麼樣的所緣，以及緣著這個善所緣修行的時候，必須要注意到最重要的問題，就是有沒有在心中出現沉、掉？所以我們必須要認識什麼是沉、什麼是掉。3'24"

在修奢摩他的過程之中，一定要有正知正念去覺察沉掉，比如說有沒有生起？能否在它生起的幾個念頭就馬上抓到，還是都過了很長時間才發現自己跑題了、念頭已經跑了？所以非常及時地能夠觀察到是很重要的功夫。所以，如果發現自己已經生起了，要立刻認真地對治。如果我們不了解什麼是沉掉，直接去修定的話，很有可能我們自己以為遠離了沉掉，實際上還是處在昏沉和掉舉的這個狀態中。如果就這樣過了一生，還以為是在修定，那真的是太可惜了！4'29"

在《廣論》裡邊，宗喀巴大師特別強調修奢摩他的時候，一定要緣著，注意！緣著善所緣，在經論當中提到不同的修行人可以緣著不同的所緣。那麼如果緣著佛像來修的話，是特別特別好的，因為在訓練我們的心專注在所緣上的同時，天天觀想佛像，這樣的話，我們同時在訓練專注的時候，訓練心專注所緣的時候，其實可以累積到不可思議的福德。所以所謂的修定，並不是打坐，讓自己的心什麼都不想，或者把自己的心放空就可以了的，心一定要有一個所緣，就像一個手要抓一個，一定要有個所緣，安住在善所緣上。5'39"

那麼安住在善所緣上之後，透過九住心、六種力，還有四種作意來修奢摩他，一旦專注在所緣上，就遠離了沉掉，獲得了殊勝的輕安的時候，前面講過，這就是奢摩他了。5'55"

必須修毗缽舍那的原因

那獲得了奢摩他夠不夠呢？是不夠的，我們必須進一步地、更進一步地修習毗缽舍那，應該要進一步地生起證得空性的毗缽舍那，因為這才是我們修習奢摩他的意義。為什麼要修習奢摩他呢？我們不是要修定，進入幾禪天、幾重天，我們是要解脫老死的。也唯有證得空性的毗缽舍

那，我們才能徹底斷除煩惱、了脫生死，獲得生命的大自
在，徹底地沒有苦蘊背負的這個大自在，這是所有修行人
最嚮往的目標，應該說最希求達到的理想。佛陀也就是因
為這個生老病死的痛苦離開了王宮，走向了苦行林，也是
因為生老病死，他想要為我們找到一味解藥。那味解藥是
什麼呢？解脫生老病死的解藥，就是空性，空性的解藥。
所以我們一定要學習毗缽舍那，一定要親自地去品嚐毗缽
舍那的滋味！說：梨子是什麼味道？還有人蔘果是什麼味
道？聽人家說的；一定要親口去嚐一嚐，親自地去品嚐佛
陀為我們找到的這個生老病死的解藥到底是何等的甘甜！
7'39"

修毗缽舍那的資糧

那麼想要獲得空性的毗缽舍那，同樣還是要具備資
糧：最初必須要親近正確地了達佛語宗要的智者，有善知
識，在這樣的善知識面前，聽聞宣說空性的無垢經論，然
後透過聞思的智慧能夠引發通達空性的正見，具備這樣的
資糧之後，才有可能更進一步地生起通達空性的毗缽舍
那。8'15"

修毗缽舍那的次第

在證得空性之前，大家都知道，知不知道？最重要的
是什麼呢？最重要的就是要認識所破，如果沒有認識所破
的話，是絕對不可能證得空性的。在辨識所破的這個過程
之中，有的人就是會破得太過，會有什麼問題呢？如果破
得太過，就很有可能墮入斷見，認為沒有自性就等於什麼
都不存在。所以宗大師在《廣論》中花了很多的篇幅、很
大量的筆墨來成立：沒有自性並不等於一切全無，並不等
於什麼都不存在，因果緣起是絕對不能否定的，一定要在
不破壞緣起作用的前提下破除自性。正因為無自性，所以
緣起作用才能夠安立，反過來說，正因為緣起具有種種作
用，所以諸法一定是無自性的。9'40"

龍樹菩薩在他所造的《迴諍論》裡邊，有這樣一句，
說：佛說空、緣起、中道的內涵是相同的，並不是自性空
就是沒有緣起，或者說緣起有作用就沒有自性空，佛陀說
空、緣起、中道的內涵是相同的，敬禮無與倫比的最勝導
師、佛陀。10'12"

　　正確地認識了所破之後，接下來必須要抉擇補特伽羅無我和法無我，就是人無我和法無我，那麼透過抉擇兩種無我證得的空性，進一步引生證得空性的毗缽舍那。10'25"

　　透過修學證得空性的止觀雙運，再加上方便分的廣大行，我們能夠一步一步地斷除煩惱障和所知障，最終獲得一切智智的佛果。10'40"

　　月稱菩薩所造的《入中論》裡邊也有說過：「**世俗真實廣白翼，鵝王引導眾生鵝，復承善力風雲勢，飛度諸佛德海岸。**」這是形容第六地的菩薩就像鵝王一樣，他成就了世俗廣大的道次第，以及真實義甚深道次第的雙翼，是兩個雙翼，然後引導著眾生，而且承著往昔所修的善根的這種風的力量——大家都知道雁群在飛的時候，牠是乘著風的力量，然後飛度了什麼？雁群飛度虛空、飛度大海、飛度湖泊，然後這個菩薩，六地的菩薩飛度了菩薩功德的大海，到達了哪兒呢？到達了佛地的彼岸。所以修學菩薩道的人們，應當修學深廣兩種道次第，具足方便及智慧，最終才能達到佛果、佛地。11'54"

結勸

上面非常簡要地為大家介紹了止觀的重要內涵，我們馬上就要開始學習《廣論》的奢摩他和毗缽舍那。今天在憶師恩法會，我們做止觀的前行課，因為在親近善知識品裡邊說，供養善知識，正行供養最能令師歡喜了，如教修行。師父希望我們好好地學習後二度，那麼我們就要開始學習《廣論》的奢摩他和毗缽舍那了，我們終於盼到了一起學習奢摩他和毗缽舍那的這一天了！ 12'55"

大家要好好地預習，說：怎麼預習呢？你可以從奢摩他看起，多看幾遍，因為很快可能就開始了。很多同學說要求聽毗缽舍那，但是別著急、耐心一點，還是按照宗大師和十方諸佛為我們開示的道次第，後二度從奢摩他開始學習，所以我們會從奢摩他開始學。諸位，你們準備好了嗎？要開始囉！ 13'46"

講次0003
發起精進已，意當住禪定

南無本師釋迦牟尼佛（三稱）

無上甚深微妙法，百千萬劫難遭遇，我今見聞得受持，願解如來真實義。

諸佛正法賢聖三寶尊，從今直至菩提永皈依，我以所修聞法諸資糧，為利有情故願大覺成。 1'43"

策發精進求證菩提

大家好！很高興又到了我們一起學習《廣論》的時間，今天我們要開始學習的是《廣論》的〈奢摩他〉。靜慮度和智慧度是六度之中的後二度，靜慮度的前一度是精進度，還記不記得精進的定義是什麼？是「勇於善」，對吧？勇於善法！這裡邊的「勇」字是什麼意思？是好樂、歡喜的意思。那麼勇於善，就是對善法好樂、歡喜。「**身心若振奮，眾善皆易成。**」我們平常做一件事情，有時候覺得特別困難，那個事情的難度似乎很大，但是再難的事情都會找到下腳的第一步，如果我們心意振奮的話。2'58"

比如說菩薩修菩薩行，發菩提心修菩薩行，在《廣論》裡是有清晰的修持的次第。看到菩薩的難忍能忍、難行能行，有的時候我們可能會心生怖畏，覺得這些我怎麼可能做到？但是在布施度裡邊，讓我們學會從布施黃菜葉開始。那麼黃菜葉是很容易布施的，因為也沒有讓我們布施整棵的菜，也沒有讓我們布施綠的，只是黃的而已，所以我們從這樣的一個捨心開始練的話，慢慢地就可以用強大的布施，來對治自己的慳貪心。然後一步一步把我們的心從只愛著自己、計較自己的苦樂，轉化成關心越來越多的人，乃至關心所有的有情。把愛著自己之心，轉化為愛他勝自之心，甚至為了利益盡法界、遍虛空界的如母有情，發起了一顆志求佛果的這樣的心。4'21"

思惟菩提心之利益

像《入行論》中有這樣說：「**佛於多劫深思惟，見此覺心最饒益，無量眾生依於此，順利能獲最勝樂。**」佛陀真實地徹見了菩提心對於自他的饒益，在《入行論》中以菩提心的種種利益來勸發我們能夠發起菩提心。比如說會說菩提心能夠滅罪勝過其他的善，容易獲得利益和快樂，而且能夠成辦我們的所求，比如說：「**欲滅三有百般苦，及除有情眾不安，欲享百種快樂者，恆常莫捨菩提心。**」5'13"

菩提心也是非常地珍貴難得，它的快樂的果報沒有窮盡！「**其餘善行如芭蕉，果實生已終枯槁，菩提心樹恆生果，非僅不盡反增茂。**」所以從生果的方面，菩提心的利益的快樂的果實是沒有窮盡的，而且菩提心能夠損定罪，除去怖畏，能滅不定罪。菩提心，像《入行論》還有一個偈子說：「**菩提心如劫末火，剎那能毀諸重罪。**」在劫末火出現的時候，初禪天以下的器世間都會被這樣的劫末火燒成灰燼；同樣地，發起菩提心，在剎那間就能夠燒毀，就像劫末火一樣，燒毀非常非常嚴重的各種惡業。嚴重的各種惡業會感得什麼？極其慘烈的苦果成熟在個人的身心上。所以菩提心如果能夠在剎那間就淨化各式各樣的重罪的話，那對我們來說實在是一大福音、好消息喔！6'47"

《入行論》這些偈子是非常美好的、美妙的，希望大家能夠最好把它背下來。6'56"

為成佛故學奢摩他

雖然外道也是會修止觀的，聲聞乘還有獨覺乘也修止觀，所以止觀是與外道、與小乘共的，但是宗大師是在六度中的後二度的章節裡邊廣講止觀，大師這麼做，一定是希望我們能夠以大乘發心或者隨順大乘發心來修學止觀。7'32"

後二度的「度」字，就是波羅蜜多，義譯過來就是「到彼岸」，跟大乘道是同義的。那到彼岸，何處是彼岸？是增上生？是出離生死輪迴？還是佛地？如果沒有大乘發心的攝持，即便我們獲得了止觀，也不是靜慮波羅蜜多和般若波羅蜜多。因此，我們並不是僅僅為了自己得到禪定之後，能夠享受禪定的快樂，處在那種輕安之中；也不是僅僅為了自己得到止觀之後能夠了脫生死，只求自己了脫生死；我們必須建立「是為了將無窮無盡的如母有情從生死的流轉中救拔出來，我必須去成佛」這樣的一個目標。為了成佛，我們必須在心中生起止觀雙運的道；生起止觀雙運之前，我們必須要獲得真實的奢摩他，所以我們先要了解如何才能夠生起真實的奢摩他。9'08"

發起精進已，意當住禪定

《入行論》中說：「**發起精進已，意當住禪定；內心散亂者，如處惑牙中。**」在發起樂於行善的精進之後，應該讓我們的心安住於禪定；如果沒有辦法安住於禪定的狀態，我們的心就會非常散亂，散亂的人就「**如處惑牙中**」，心生散亂者像什麼呢？就像處在眾多煩惱猛獸的獠牙中是一樣的。如果身處在猛獸的獠牙中的話，大家可以知道那是一個非常危險的狀況，因為只要那獠牙一動就沒命了。我們的安全狀態是要在禪定中，所以必須生起禪定；那麼生起禪定，要對治沉沒和掉舉，所以我們必須努力地生起遠離沉掉的禪定。10'25"

於顛倒境散亂能止息

宗大師在《功德之本頌》中說：「**於顛倒境散亂能止息，且於正義如理起尋思，由是引發止觀雙運道，速疾相續生起求加持。**」這裡邊的第一句「**於顛倒境散亂能止息**」，這個最主要講的就是奢摩他，也就是止觀中的「止」。奢摩他是內道與外道都必須修持的一種道，前面我們已經講了，外道和內道修持有什麼不一樣？比如說外道的行者，他透過修習奢摩他，也能讓心完全專注在他的所緣境上；而內道當中，無論大乘或小乘也必須修學奢摩他，這是大小乘都不可或缺的一種道。11'24"

以內道而言，最主要是讓我們的心安住在這樣的一個善所緣上，比如說「安住」，像把我的手安住在這個麥克風上一樣，就這樣，安住在這上面。不是這樣的（手不安放於麥克風）。那個散亂的狀態就是這樣，一直抓各種東西；這是安住在善所緣，這個（麥克風）是善所緣的話。或者說我們觀想一尊佛像，我們的心緣著佛像。可是如果我們的心沒有辦法安住在善所緣，而心會什麼也不緣嗎？會老老實實待著嗎？不會的，它會緣著善所緣以外的法，那麼心中就生起了散亂，這就是《功德之本頌》當中說的「於顛倒境散亂」。12'17"

當我們的心沒辦法專注在善所緣上，產生散亂的時候，而且不停地散亂的時候，這個時候就需要一個力量，那個力量就是「止」。止什麼呢？止息這個散亂。就是比如說如果是這一隻手的話，就這樣一直這樣（晃動），這個止就是把它握住，乃至把它壓伏掉，開始緣在善所緣上。12'55"

所以說，就是把它從原來散亂的軌道上拉到一個不散亂的軌道上。把一件事，把這個事挪到這上面，這是需要力的，有的時候可能像起重機一樣。雖然我們舉的是心念，可能會比舉石頭、舉什麼還要費力氣，因為它會咬不住，就是你的心開始緣正念的時候會一直散、一直散，會抓不住，因為心沒有力量，止力不夠。所以需要我們不停地練習、不停地練習，我們要設法讓我們的心能夠止息散亂，專注於善所緣上。所以宗大師說：「於顛倒境散亂能止息」，這就是奢摩他，也就是止觀中的「止」的部分。13'45"

且於正義如理起尋思

外道透過修學奢摩他，能夠對欲界離欲喔！就是能夠離開欲界喔，他的心。甚至他可以層層增上，獲得四禪八定，連最高天的有頂定都能夠獲得。而且透過奢摩他，他能夠生起眾多的神通、非常了不起的神通，就是我們想像的那種像神仙一樣的，而且還能夠進行種種神變。但是即便是這樣，就是已經像個神仙似的，或者說我們看到這麼厲害的人會以為說：「欸，這是不是佛菩薩？這麼厲害！」但是這樣夠不夠呢？看起來像，實際上是不是呢？這樣是不夠的！所以第二句話就提醒到說：「**且於正義**

如理起尋思」，這裡邊的「正義」，是說只有奢摩他是不夠的，生起奢摩他之後，我們必須要如理地觀察真實義，這個真實義、這個正義也就是空性的內涵。15'07"

由是引發止觀雙運道，速疾相續生起求加持

「由是引發止觀雙運道」，然後我們「速疾相續生起求加持」。那麼速疾相續生起什麼呢？就是生起「止觀雙運道」。所謂的「止」就是奢摩他，「觀」就是毗缽舍那；奢摩他能夠止息心中對顛倒境的散亂，毗缽舍那能夠如理地觀察空性的內涵。希望透過上師您的加持、您的加持力，讓我們的心續中能夠快速地生起止觀雙運的道。15'51"

想要生起止觀雙運，就必須要先獲得止，也就是奢摩他。「奢摩他」這三個字是梵文的音譯——奢摩他，然後義譯過來就是「寂止」，寂靜的寂，停止的止。寂滅沉掉，專一安住於所緣境上，並且被殊勝的輕安所攝持的三摩地，就是奢摩他了。祈求上師能加持我們，心中能夠快速地生起止觀雙運的道。16'36"

講次0004
別學後二波羅蜜多

《廣論》譯文版本說明

　　關於《廣論・奢摩他》的章節，當年法尊法師也曾經修改過之前的譯文，但是修改的版本後來就沒有出版，直到最近出版的法尊法師的文集當中才有收錄。我們譯經院的法師也有參照了改譯的版本，同時也依據宗大師的《廣論》的原文，就是藏文原文，進行了詳細地校對。所以我們這一次學習止觀，就是用譯經院的法師校對過的版本，有一些地方可能會與現在我們手上的這本《廣論》是略有出入的，我們在每一講的後面都會附上改譯的對照表。1'11"

《廣論》段落

奢摩他校訂本：P12-L2～P12-L4 敬禮勝尊具大悲者足……之所攝故。
福智第三版：P336-L2～P336-L4 敬禮勝尊具大悲者足……之所攝故。

敬禮勝尊具大悲者足

　　現在我們就要開始了喔！所以請大家要翻開《廣論》336 頁。336 頁，有翻開嗎？請看第 2 行。這裡邊第 1 行是「**菩提道次第廣論卷十四**」，接著是「**敬禮勝尊具大悲者足**」。在《四家合註》當中，語王大師對此有一段解釋，我來念一下。因為《四家合註》還沒有出版，所以我只有這樣的草本。2'04"

　　對於「**敬禮勝尊具大悲者足**」，他解釋說：「⬤**謂此法傳承之至尊上師自身諸本傳上師也。此復即如前說，從能仁王傳至彌勒、無著等廣行派，及傳文殊、龍樹、寂天等深見派諸師；**」這一段話語王大師解釋說：此處宗大師敬禮的「勝尊具大悲者」，就是宗大師自己的直接的上師與傳承上師。其中「至尊上師」——就是語王大師對宗大師的尊稱——就是指宗大師；「本傳上師」就是指直接的上師與傳承上師。釋迦牟尼佛傳給彌勒菩薩，彌勒菩薩傳給無著菩薩等祖師，然後漸次地傳下去就是廣行派的祖師們；還有佛也傳給了文殊菩薩，文殊菩薩傳給了龍樹菩薩、寂天菩薩，然後漸次傳下來的就是深見派的祖師們。3'23"

再接著，《四家合註》說：「⊕特如至尊自所宣說：『由師恩德得見時，我意於今獲安息。』雖實義中，至尊上師自與文殊怙主無二無別，然於共通所化方面，猶仍示現親從文殊聽聞甚深中觀正見之相，故禮彼等。」這一段解釋一下，就是特別像宗大師在他寫的《緣起讚》中說：「⊕由師恩德得見時，我意於今獲安息。」說雖然在事實上，宗大師是與至尊文殊是無二無別的，但是在共通的所化機面前，宗大師還是示現從文殊菩薩聽聞甚深的中觀正見，是由於文殊菩薩的深恩才能證得空性，所以宗大師寫奢摩他的章節之前，先禮敬廣行派、深見派的祖師們；特別禮敬文殊菩薩。這就是「敬禮勝尊具大悲者足」這一句話的意思。4'49"

「別學」後二波羅蜜多

接下來我們再往下看。往下看，我就看這樣的版本。

你們看，就是：4'59"

第二、**別學後二波羅蜜多者，謂修奢摩他、毘缽舍那道理。此二如其次第，即是靜慮及慧波羅蜜多之所攝故。**5'15"

這個「第二、**別學**」的「別」字，我一開始讀到的時候是覺得有點特別，你們會不會覺得很特殊呢？因為比如說六度——布施、持戒、忍辱、精進、禪定、智慧，這樣一度一度下去就可以了，為什麼《廣論》到後面的後二度，前面加了一個「別學」兩個字？別學後二度。這是強調它的特殊性的意思。為什麼要強調它的特殊性呢？所以我們現在再思考一下。你們的想法是什麼呢？你們可以討論一下。6'06"

如果解釋一下科判，「別學」就是特別學習後二種波羅蜜多，也就是特別學習靜慮波羅蜜多和般若波羅蜜多，是指要修持奢摩他和毗缽舍那的方法。那麼修持奢摩他與毗缽舍那，「依序」——依著次第，統攝於靜慮波羅蜜多與般若波羅蜜多當中。如果作一下抉擇的話，一般而言，奢摩他及毗缽舍那都是與小乘行者共通的，乃至外道也會修奢摩他及毗缽舍那，但是六度就都是佛陀或者菩薩才會具有的。所以奢摩他不一定是靜慮波羅蜜多，毗缽舍那也不一定是般若波羅蜜多。7'00"

宗大師在上士道廣講止觀的心意

那麼宗大師為什麼在「別學後二波羅蜜多」時，才會廣講止觀呢？大家可以想一想。因為比如說中士道在講那個輪迴過患，怎麼樣去消滅無明的時候，其實那個時候也可以講止、也可以講觀，為什麼到這裡才講呢？有沒有想到原因呢？你們的理由是什麼？翻《廣論》。你們會想翻到第幾頁找原因呢？看著喔！我翻多厚。這麼多，還在翻。我翻到哪兒了呢？翻到開頭了！翻到《廣論》的第 2 頁。第 2 頁第 3 行，這一句著名的話，我要開始念了喔！8'15"

此中總攝一切佛語扼要，遍攝龍猛無著二大車之道軌，往趣一切種智地位勝士法範，三種士夫一切行持所有次第無所缺少。依菩提道次第門中，導具善者趣佛地理，是謂此中所詮諸法。8'36"

一學《廣論》的時候，這一段特別醒目！不知道大家在廣論班的時候，有沒有進行非常熱烈的討論？這是非常醒目、令人振奮的一段話。如果解釋一下就是：本論當中總攝了一切佛語的扼要，注意喔！不是一尊佛、兩尊佛，是一切佛所說的法的扼要。並且完整地包含了龍猛、無著兩位大車軌師所宣說的道軌。到哪兒去呢？前往一切種智地位的殊勝士夫的法則。注意喔！殊勝士夫。三種士夫、三種士夫的一切的行持的次第，沒有任何遺漏和缺少的。所以透過菩提道次第，引導具足善根因緣的人們——「具足善根因緣者」，修行趣向佛地的道理。那些具足善根因緣的人，修行要趣哪裡呢？趣佛地。這就是本論所詮說的法要。大家可以考慮考慮這一段。10'01"

接下來又要翻《廣論》，現在翻到第幾頁呢？你們想翻到第幾頁呢？我要開始翻了。194 頁倒數第 2 行這裡邊說：10'21"

> 若導尋常中士道者，此應廣釋於三學中引導之理，然非如是，故修止觀心慧二學，於上士時茲當廣釋，今不繁述。10'44"

這一段是在寫什麼？這一段是在中士道的解脫正道裡邊，說如果是引導平常的中士道的話，這裡邊就必須詳細地解釋引導三學——戒學、定學、慧學這樣的次第下去。然後接著是「**然非如是**」，但不是這樣的！就是大師不是要引導我們趣入平常的中士道，所以關於修持定學奢摩他，以及慧學毗缽舍那的部分，等到上士道的時候才要廣泛、詳細地解釋，在中士道的時候沒有詳細解釋。其中的「**於上士時茲當廣釋**」，在後面的止觀章的部分才會詳細地解釋。11'50"

那麼《廣論》奢摩他與毗缽舍那的章節，是從「別學後二波羅蜜多」這個科判當中分出來的，而「別學後二波羅蜜多」這個科判又是從哪兒分出來的呢？大家可以翻一翻《廣論》，是從「初於總行學習道理」這個接下來。那麼「初於總行學習道理」這個科判在哪裡呢？能不能找到？你們要翻書的話翻哪裡呢？請大家翻《廣論》的話，翻到262頁，262頁也是倒數第2行黑字，「**第三、學此次第分二：**」有看到吧！有沒有翻到？第一是「**初於總行學習道理；二、特於後二波羅蜜多學習道理。**」接著是「**初中分二：一、學習六度熟自佛法；二、學習四攝熟他有情。**」這一段如果解釋一下，就是要先總體地修學六度四攝，然後特別學習後二度。在宣講後二度的時候做什麼呀？廣講止觀！所以在止觀章前面宣講四攝。大家可不可以想像宗大師的心意是什麼呀？ 13'50"

廣論止觀初探

修習止觀之勝利

講次0005
三乘功德皆止觀之果

別學後二波羅蜜多中分六科

此中分六：一、修習止觀之勝利；二、顯示此二攝一切定；三、止觀自性；四、須雙修之因相；五、次第決定之理；六、各別學法。 0'33"

解釋這一段的時候，「**此中**」的「**此**」字，就是指「**別學後二波羅蜜多**」，其中這裡邊分為六科：第一就是修習止觀的勝利。當我們要學習這麼殊勝的法的時候，我們要一定要先了解我們學這個法能得到什麼好處，乃至是得到什麼殊勝的勝利，所以先介紹修習止觀的勝利。1'03"

《廣論》段落
奢摩他校訂本：P12-L5～P13-L7 此中分六……無相違過。
福智第三版：P336-L5～P336-L12 此中分六……無相違過。

第二個是說明止觀能夠包含所有的三摩地。大家在讀經的時候都會讀到各種什麼火光三昧，怎樣怎樣、很多很多、很多很多的三摩地。那些三摩地，可以說在經典裡讀到的時候，我會覺得聞所未聞、見所未見，說：這都是什麼？完全是超越我們的現量境界。但是這個止觀，這裡邊的止觀能夠包含所有的三摩地！ 1'38"

第三個是止觀的自性，就是指止觀的體性。 1'43"

第四個是必須修持止觀兩個的原因是什麼，就是說一定要一起、要雙修，不能只修一個的原因是什麼？ 1'55"

第五個是「次第決定」，就是為什麼是止、然後是觀？這樣決定的道理到底是為什麼？ 2'06"

第六個就是各別學法，各別學習止觀的方法，就是學止和學觀的方法。 2'17"

科判就介紹完了。 2'21"

　　你們累不累？如果累的話就深呼吸一下，或者深呼吸三次。注意一下自己的心，不要著急，不要急！一點一點地學。今天我翻書翻得多了點，你們還行吧？不要覺得特別吃力，以後我們就會越翻越快，很快就找到。深呼吸！接著我們要往下，還要看正文。3'06"

說明大小乘一切功德都是止觀之果

> 大小二乘世出世間一切功德，皆止觀之果。3'17"

　　解釋一下，就是：世間與出世間的一切的大乘和小乘的功德，都是止觀的果。接著宗大師引證了這麼講的依據是什麼呢？說：3'40"

> 如《解深密經》云：「慈氏，若諸聲聞、若諸菩薩、若諸如來所有世間及出世間一切善法，應知皆是此奢摩他、毘缽舍那所得之果。」3'55"

　　解釋這一段話就是，在《解深密經》當中，佛陀就告訴慈氏菩薩說：慈氏啊！這個世間和出世間的一切的聲聞、菩薩，還有如來的善法，大家可以想像聲聞的善法就無量無邊，再加上菩薩、如來的善法，那簡直是虛空也不能容受的，不知道是多少的善法，都應當了知是奢摩他與毗缽舍那的果。4'30"

注意喔！佛陀跟慈氏說：「慈氏你應該知道，這一切都是奢摩他與毗缽舍那的果。」宗大師引完了這個依據之後，我們看了宗大師前面講的，還有《解深密經》中所講的所有的依據，那我們會不會也有疑問，所有的都是止觀的果嗎？所有的？那麼止觀是什麼樣的次第才能修起的呢？我們會這樣思考嗎？看看宗大師一邊在給我們舉出他的根本宗、舉出他的依據，接著又引導我們去思考、對著這樣的經典思考，然後提問題。5'36"

提出問題

那我們看看宗大師接下來提了什麼問題呢？ 5'40"

> **若謂止觀，豈非已得修所成者相續功德，今說彼一切功德皆止觀之果，云何應理？** 5'54"

　　這個問題是：奢摩他與毗缽舍那，難道不是已經獲得了修所成者心續中的功德嗎？也就是必須獲得修所成的時候，才能獲得奢摩他與毗缽舍那。如果一切功德都是止觀的果的話，那還沒有到修所成的人——非常非常努力修行，可是因為他沒有到修所成——那這樣的人的心中是不是沒有任何的功德了呢？ 6'31"

　　比如他們心中的聞所成還有思所成的功德，那到底算不算功德？難道不是功德嗎？比如說我們對善知識修信，我們修習三寶的功德，還有憶念無常等等。當我們聽到了這樣的法，我們從聞、到聞所成，甚至自己又聽完了之後再思惟一遍，在內心得到決定的見解的時候，這都不是功德嗎？很顯然這是功德。但是如果是功德的話，這個人根本也沒有獲得奢摩他與毗缽舍那，因為他沒有到修所成，所以他心中的功德怎麼會是奢摩他與毗缽舍那的果呢？那麼為什麼《解深密經》會說一切功德都是奢摩他與毗缽舍那的果呢？佛陀為什麼要這樣講呢？大家有答案嗎？7'49"

從止觀品類的角度解釋《解深密經》的密意

接下來，那麼看一看宗大師是如何回答這個問題，解釋我們心中的這個疑問呢？說：8'11"

> 答：如下所說真實止觀，實是已得修所成者相續之德，則大小乘一切功德，非盡彼二之果，8'22"

這一段解釋一下，就是真正的奢摩他與毗缽舍那的確就像後面講的，是已經獲得修所成的人心續中的功德——必須要獲得修所成，然後才能夠獲得奢摩他和毗缽舍那。所以從這樣的角度，因此大小乘的一切功德，並非都是真正的奢摩他與毗缽舍那的果。這個「**彼二**」，就是指奢摩他和毗缽舍那。接下來再看：9'03"

> 然於善所緣心一境性以上諸三摩地，悉皆攝為奢摩他品，及凡簡擇如所有性、盡所有性義諸妙善慧，

> 悉皆攝為毘缽舍那品。9'21"

解釋一下，「**善所緣心一境性**」，這個心一境性就是指心專注在一個善所緣上，將心專注於善所緣以上的這個三摩地，都歸入奢摩他品，也就是奢摩他的這個品類當中。並且，將分辨、分辨，分辨什麼呢？如所有性和盡所有性這個意涵的善的智慧，都歸入到毘缽舍那品。「**如所有性、盡所有性**」，如所有性就是空性；盡所有性就是空性以外的法、不是空性的世俗諸法。接下來再看：10'21"

> 故密意說三乘所有一切功德皆止觀之果，無相違過。10'28"

看起來是沒有相違。解釋一下，就是專注在善所緣上的三摩地都攝入奢摩他品，分辨如所有性和盡所有性的意涵的善的智慧就都攝入毘缽舍那品。而三乘的一切功德都是專注地緣著善所緣的三摩地，以及分辨如所有性和盡所有性的這個善的智慧的果。更簡要地說，三乘一切功德，都是透過修行止觀而成就的。如果沒有修行止觀的話，也就是沒有專注於善所緣上，也就是沒有分辨抉擇諸法的智慧。如果是這樣的話，絕對無法成就三乘的任何功德。所以佛陀在經典裡面說三乘的一切的功德都是止觀的果，就是這個意思。說一切喔！不是說三乘一切功德都是真正的止觀的果，而是說如果沒有修持止觀，是無法獲得三乘任何的功德。所以，最後是沒有相違的，「**無相違過**」，沒有相違的過失。12'08"

結勸

不知道這樣講了之後，大家心裡邊打結的地方有沒有鬆開呢？還是要課下的時候可以跟同學討論、討論，在心裡想一想。就是說可見修止觀，在佛陀教給我們見解裡是非常非常重要的，因為沒有它，三乘的一切功德都不能成辦。所以我們能否對這一段得到定解呢？大家可以再好好看書思考一下。12'46"

講次0006
無散亂心正思法義

　　大家好！又到了我們學習《廣論》的時間了！很開心能跟大家一起學習止觀，今天我們就繼續學。請大家把《廣論》翻到 336 頁最後 1 行，然後我們看原文：0'29"

引據《修信大乘經》

　　「又於此義」，跟我一起看喔！ 0'35"

又於此義，《修信大乘經》亦密意說云：「善男子，由此異門，說諸菩薩盡其所有大乘信解，大乘出生，應知皆是無散亂心正思法、義之所出生。」0'56"

《廣論》段落
奢摩他校訂本：P13-L7～P14-L2 又於此義……一分而成。
福智第三版：P336-L12～P337-L4 又於此義……一分而成。

這一段在講什麼呢？基於這個內涵，在《修信大乘經》中說：善男子，透過這個異門──「異門」就是角度或者說形式，那麼透過這樣的角度應當了知，了知什麼呢？就是菩薩盡其所有信解大乘、大乘所生，這一切都是以無散亂心正思惟正法與它的意涵之所出生的。1'33"

那麼這裡邊的正法與意涵是什麼意思呢？宗大師在中士道的時候有解釋，這段經文的「**法**」就是指名字，「**義**」就是指意涵。如果舉個例子的話，比如說什麼是無常的定義？剎那性就是無常的定義。那麼剎那性是什麼呢？就是意涵，而無常就是名言。2'07"

大乘信解與大乘出生的意涵

在《四家合註》裡邊，將經文中的「**大乘信解**」解釋為意樂圓滿。為什麼大乘信解是意樂圓滿呢？大乘信解就是對大乘的信心。在皈依當中，可以分為共通皈依和不共的大乘的皈依，共通的皈依是由於怖畏惡趣的痛苦，深信三寶能救；而大乘的不共皈依，就是由於怖畏所知障而皈依的。所以深信三寶能夠救護我們脫離一切的怖畏，這樣緣著三寶欲求的信心、一心皈仰的信心，就是意樂圓滿。那麼共通的皈依，它只是怖畏惡趣的苦而皈依，所以是不圓滿的，而大乘的皈依才是圓滿的。皈依在這裡邊最主要的就是要信心，所以這裡邊說「大乘信解」就是意樂圓滿。3'14"

那麼「**大乘出生**」解釋為加行圓滿，由於具大悲心、菩提心，所以菩薩會行六度萬行利樂有情，令無窮無盡的如母有情能夠解脫乃至成佛。所以「大乘出生」解釋為加行圓滿。3'33"

菩薩功德皆是無散亂心正思法、義所出生

菩薩的意樂圓滿與加行圓滿——菩薩在修道的過程中，從最初發起菩提心，這就是意樂圓滿；之後行六度、四攝、受菩薩戒，乃至最後圓滿所有的菩薩行，「**盡其所有**」就是這所有的一切，都是從哪兒出生的呢？都是從無散亂心正確地思惟正法與它的意涵所出生的。4'04"

那麼再問大家一句：菩薩的大乘信解、大乘出生，也就是意樂圓滿和加行圓滿，是怎麼出生的呢？就是透過對法、義內涵的反覆地觀察、推敲、抉擇，慢慢地改變內心。比如說一開始聽到大乘法的時候，有的人會害怕菩薩的那些無畏的行持、那些苦行，也有的人一開始聽是非常非常地歡喜、非常嚮往。不管怎樣，我們要從我們各自的起點開始，可能是觀修菩提心的勝利，或者為菩薩的無私、無畏救眾生的事蹟所撼動。當我們被深深地撼動之後，我們就想改變自己，改變什麼呢？就是以自我為中心的這樣一個態度。5'04"

以自我為中心是什麼樣呢？我們可以透過比如說還沒有學習《廣論》之前，和學習《廣論》之後，或者去做義工、很多事例中我們去觀察我們生命的格局的改變。就是不再是以自我為中心圍繞的這樣一個狀態，我們對於他有情不再漠視，也不再覺得他人的苦樂與己是無關的。所以從內心到加行，我們想要利益別人的內心的感受，慢慢地增長廣大，然後再努力地讓自己的心安住在已經思惟的這些內涵上，反覆反覆地思惟，對境練習。5'49"

　　像對境練習，我們會生起一點利他心，可是遇到挫折之後，就會縮回來，退了！然後想一想：這樣不對，還得要再鼓起勇氣。可是人事紛擾，利他談何容易？然後就這樣。應該越挫越勇！師父說：「我們要做常敗將軍！」所以我們一定要戰勝怯懦的這種退的、反反覆覆的心，讓利他的這種感受，由一點一點、一絲一絲的變成越來越強烈，乃至能夠持續。所以這一切都是由修習止和修習觀才能成辦的。6'38"

無散亂心正思法、義的意涵

　　接下來宗大師有解釋這段經文，我們可以往下看一看。說：6'46"

> **無散亂心，謂奢摩他品心一境性；正思法、義，謂毘缽舍那品妙觀察慧。** 6'55"

　　《修信大乘經》這段經文所說的「**無散亂心**」，就是指奢摩他品的心一境性，也就是奢摩他的品類。「**心**

一境性」是什麼意思？就是心專注在一個所緣上。然後專注什麼？「**正思法、義**」，也就是正確地思惟正法與它的意涵，這個是毗缽舍那品的觀察慧。所以菩薩所有的意樂圓滿與加行圓滿，都是從沒有散亂的心，以及觀察慧所出生的。意思就是如果沒有令心專注於一個所緣、沒有觀察慧的話，是無法獲得菩薩的意樂圓滿和加行圓滿這樣的功德的。然後接下來，說：7'57"

止修、觀修成辦大小乘功德

故大小乘一切功德，皆以觀慧思擇而修，及於所緣心一境性二所成辦，非唯止修或唯觀修一分而成。
8'11"

因此大乘、小乘的一切功德，都必須以觀察思擇而修習，以及內心專注於所緣這兩個，注意！這二者才能夠成辦。並非只是單一的止住修或者觀察修能成辦的。注意！注意！說如果只有止住修或者只有觀察修，能不能成辦大、小乘的功德呢？能不能成辦呢？宗大師說：「**非唯**

止修或唯觀修一分而成。」說只有止住修或者只有觀察修，是無法成辦大乘及小乘的功德的。先不要說大乘那些不可思議的功德，即使是小乘的行者想要自己了脫生死，如果沒有內心專注於善所緣及觀察慧思擇而修的話，也是無法脫離生死的呀！ 9'15"

講次0007
解脫繫縛應修止觀

　　大家好！我們又要開始一起學習《廣論》了。請大家要專注！那麼我們繼續往下學，請大家看《廣論》的 337頁第 4 行，接下來宗大師引了《解深密經》，請看原文：0'34"

《解深密經》漢藏版本的異同

> 又《解深密經》云：「眾生為相縛，及為粗重縛，要勤修止觀，爾乃得解脫。」＊ 0'48"

　　說眾生的心中有相縛還有粗重縛，兩個縛。這個「縛」的意思就是綁起來、綑起來。因為有相縛和粗重縛，所以我們不得自在，怎麼辦呢？要透過勤修止觀，才能從相的繫縛和粗重的繫縛裡解脫出來。1'25"

關於《解深密經》的這段經文，解釋到後面的時候會發現跟前面有一點不一樣，就是因為藏文的語序與漢文的語序略有出入。語序就是它的次序。宗大師是依照藏文版《解深密經》的語序來引文的，所以如果從藏文直接翻譯過來的話，應該是：「**眾生由修觀，以及奢摩他，乃從粗重縛，及相縛解脫。**」它是先講觀，然後講止；先講粗重縛，然後講相縛。可是漢文的《解深密經》正好它是反的，次序是反的，它是先講止、後講觀；先講相縛，後講粗重縛。但是從義理上來講的話，其實都是一樣的，無論是藏文版的還是漢文版的，都是一樣解釋得很清楚的，沒有什麼差別。2'33"

因為尊法師在翻譯《廣論》中的這段《解深密經》的時候，他是完全以玄奘大師翻譯的譯文為主；玄奘大師翻譯的譯文就是先講了相縛，然後講粗重縛，正好跟藏文的《解深密經》的語序是不一樣的。雖然語序是不一樣，但是義理是一致的。2'57"

　　我們去看了《解深密經》的原文，發現在前面散文的經文中，無論是漢文版的《解深密經》還是藏文版的《解深密經》，都是先講到了相縛然後才講到粗重縛。但是到後面偈頌體的部分，漢、藏兩個版本的《解深密經》就略有不同了。漢文版的《解深密經》，前面的散文和後面的偈子宣講的順序是一樣的；但是藏文版的《解深密經》，前面的散文和後面的偈子宣講的次序卻是不相順、是不相同的。3'32"

　　所以讀到這一段往後學的時候，大家要注意不要解釋錯了，因為解釋錯了就是相縛和粗重縛的那個全解釋反了。因為我們引的是玄奘大師《解深密經》的譯文，但是解釋是宗大師按照藏文版翻譯的《解深密經》的那個順序去解釋的，如果不了解可能會弄錯，所以在這裡邊大家要留意一下。4'01"

　　在《四家合註》裡解釋說：這裡邊粗重的繫縛，其實就是我們的心續當中能夠引生煩惱的習氣。那麼相的繫縛就是現行，像河一樣、河流一樣波濤洶湧的這個現行煩惱。那麼現行煩惱是指什麼呢？就是指能夠滋潤、能夠滋潤煩惱種子的這個現行煩惱。4'36"

粗重縛——心續中能引生煩惱的習氣

粗重的繫縛，就是綑綁，綑綁了就是不得自由、不得自在，就是不能隨心所欲，不能隨意。那麼我們到底是為什麼不能自在？是被什麼綑綁了呢？被什麼綑綁？粗重。「**粗重**」到底是什麼？就是心續中能夠引生煩惱的習氣。習氣從哪兒來的？往昔累積的、根深柢固的，無論做什麼都會朝著引生煩惱的這個方向去發生的這樣的一股勢力、一種力量。譬如我們觀察自己的話，會不會發現我們的心是比較相應善法呢？還是比較相應惡法呢？可能現在都已經轉變很多了。但是還是會發現要相應善法的時候很困難，相應惡法的時候非常容易，很容易生煩惱，這就是粗重的繫縛。5'52"

　　那麼心續中引生煩惱的習氣，這個繫縛我們的這個習氣，推動著我們朝一個更深的痛苦的方向去沉沒的，或者墮落的這個習氣，要怎麼辦呢？要透過修習證得空性的毗缽舍那，注意！要透過修習證得空性的毗缽舍那才能夠斷除、斷掉。6'22"

　　所以，了解了這個粗重縛，我們就要努力地去掙脫這個束縛。因為這個繫縛它是很深、很堅固的，所以要非常有力的空性的金剛王寶劍，才能夠斷除這個根本。只是害怕它，甚至憂悲苦惱它，都是沒有用的，要想辦法對付它。佛菩薩、祖師走過的路，就是要引導我們走上去的。怎麼樣才能把這種粗重的繫縛、心中的煩惱習氣連根拔除呢？連根拔除！要從現在開始，聽聞、思惟，然後修行，發誓要斷除，並且要觀察、思惟抉擇。所以我們不能懈怠，我們要加油！7'22"

相縛——現行的煩惱

　　再看一遍《解深密經》，說：「**眾生為相縛，及為**

粗重縛，要勤修止觀，爾乃得解脫。」「相的繫縛」是什麼意思呢？相的繫縛，剛才講過是現行的煩惱對吧？那麼現行的煩惱是怎麼綑綁我們的？有經驗吧？現行的煩惱怎麼綑綁我們？比如說我們對境的時候有可愛的對境，還有不可愛的境，我們的心隨著這樣的外境而轉，可愛的境就生貪，不可愛的就生瞋，到處產生顛倒的執著。有沒有一個東西可以壓伏它，讓它不要再這樣輾轉相續、這樣波濤洶湧呢？有沒有呢？有的！就是奢摩他。所以透過修習毗缽舍那，我們會從粗重的繫縛中解脫；透過修習奢摩他，我們才能從相的繫縛中解脫。8'34"

解釋《解深密經》經文的意涵

接著宗大師解釋《解深密經》的經文，我們往下看：8'41"

言粗重者，謂心相續中所住習氣，增長顛倒有境堪能；8'51"

其中的「**粗重**」是指一種住於心續中的習氣。什麼樣的習氣呢？能夠增長顛倒有境的堪能，就是增長顛倒有境的這個能力，是一種能令顛倒的有境增長的這個能力。請問大家「**有境**」是什麼呀？就是趣入自己的對境的法，這裡邊主要是指趣入對境的心識。「有境」不是指境，主要是指心識。所以看到「有境」這個兩個字，沒有學過的人可能會誤以為是「境」，實際上有境在《攝類學》裡是有定義的，就是趣入自境的法，這裡主要就是指心識。「**堪能**」就是能力的意思，令顛倒的心識增長的能力，在這裡邊就是所說的習氣。而這個習氣，那個名字是什麼？就是「粗重」。聽起來好像很邪惡，因為它會令顛倒的這個習氣增長。10'08"

那麼回到「**言粗重者**」，在心續裡所住的這個「**住**」字，令人很不舒服，引生煩惱的習氣住在心續裡停留很久、很久。折磨我們呀，摧殘我們！但是它是不是沒法治了，就是它最大，誰也不能對付它？不是這樣的！它雖然住在心續裡，而且停留很久很久，但是正因為它是緣起之法，它不是從來就有、永遠都不會消失的那樣一個怪物。所以我們運用證得空性的毗缽舍那那樣的力量,可以把它驅逐出去,乃至徹底地消滅它!接下來再看原文。說:11'14"

相者,謂於顛倒境前後所生耽著,潤彼習氣。
11'20"

這句話的意思就是:由於前後所產生的對境,對於顛倒境的這個耽著而滋潤了習氣。那麼我們對於顛倒的境會產生耽著,這樣的耽著是不是只生一次呢?不是的,是前後生起,也就是不只生起一次,而是數數、數數地生起。在我們的心中生起這樣的耽著會有什麼樣的作用呢?就是它反過來還會「潤」、滋潤那個習氣。也就是前面講到的那個粗重的習氣,我們對顛倒的這個境數數地產生耽著,所以會滋潤我們心續中令顛倒的內心不斷增長的這樣一個習氣。所以這兩個,一個相、一個粗重,把我們綁得死死的、動彈不得,看起來是很嚴重啊!苦不堪言啊!它們還會互相幫忙折磨我們。12'38"

廣論止觀初探

顯示此二攝一切定

講次0008
止觀能攝一切定

　　大家好！又到了我們一起學習《廣論》的時間了，請大家珍惜此時能夠專注地學習。上一節課我們學到了「粗重縛」和「相縛」，那麼要怎麼樣能夠斷除粗重縛和相縛呢？請大家看《廣論》的 337 頁的第 6 行。0'44"

粗重縛為觀所斷、相縛為止所斷

> 《般若波羅蜜多教授論》說，前者為觀所斷，後者為止所斷。 * 0'55"

　　《般若波羅蜜多教授論》是寂靜論師所造的，在《般若波羅蜜多教授論》當中說：「**前者**」，也就是粗重的

《廣論》段落
奢摩他校訂本：P14-L5～P15-L4 前者為觀所斷……恆應修學。
福智第三版：P337-L6～P337-L11《般若波羅蜜多教授論》說……恆應修學。
＊此段引文於當時開示時，仍未改譯《廣論》原文，故仍沿用法尊法師原譯。

繫縛,是由觀所斷除;那麼「**後者**」,也是相的繫縛,是由止所斷除。注意喔!前邊我們為什麼會解釋一下《解深密經》的譯文?因為如果按照玄奘大師的譯文,前者就是相縛,但是宗大師在這裡邊是按照藏文版的《解深密經》,所以前者是指粗重縛——注意!這個前者。所以這個地方應該解釋為粗重的繫縛,我們這樣理解就可以了。1'49"

那麼接下來就是看,說:「**為觀所斷,為止所斷**」。再說一遍,「為觀所斷,為止所斷」這八個字,大家心裡有什麼感覺呢?會不會覺得有希望感和振奮感?那麼強的一對境就現行的、反反覆覆的煩惱,以及已經在心中不知道住了多久、多久的這種煩惱的習氣,居然可以斷!為止所壓伏、為觀所切斷。所以止觀並不是飄渺的幻想,大家只是:「啊,坐著感覺到內心很清淨、好像沒什麼事情。」它是很有力地可以斷除煩惱的現行和習氣的,它是經過腳踏實地地修鍊,可以真實地解決問題、降伏煩惱的。就像武器一樣,它是直接可以解決煩惱的。這是大雄世尊不知道經歷了多少的難行苦行,為我們找到的痛苦的解藥，所以捧讀這樣的教典的此刻，感恩佛菩薩！
3'13"

　　剛剛我們學到《解深密經》說：眾生要修習止觀，才
能從相的繫縛以及粗重的繫縛中解脫出來──透過修習奢
摩他，我們從相的繫縛中解脫出來；透過修習毗缽舍那，
能從粗重的繫縛中解脫出來，就是要斷除煩惱的種子。那
麼降伏煩惱的現行、斷除煩惱的種子，都是在自心上的，
注意！在自心上的有力操作。它的實踐的力度和效力都是
非常強的，止的作用，就是降伏煩惱的現行；證得空性的
觀的作用，就是能斷除煩惱的種子，它不會再發芽了，永
遠不會回來了。4'05"

　　煩惱的種子永遠不會回來是什麼意思？就是我們再不
會苦了。所以就想想，我們會認為：「啊，一會兒苦、一
會兒樂，這可能就是生命的自然狀態。」這不是自然狀
態，這是顛倒的狀態，是要用止觀所斷除的狀態。人可不
可以達到永遠沒有痛苦的那一天呢？是可以的，可以的！
如果我們努力下去的話，就會得到不會失壞的快樂。所以

這一生我們得到了人身、遇到了教法，一定要精進努力地修行！至少要得到增上生，生生世世地努力下去，終於有一天我們將獲得決定勝，就是解脫和佛陀的果位。5'00"

當然在這裡邊，宗大師和佛菩薩都希望我們去得到佛陀的果位，徹底地遠離了病、遠離了苦、遠離了老、遠離了所有的所有的天災人禍，我們不再怖畏，甚至不愉快的所有的感受都沒有了。生命中只有快樂、生命中只有快樂！只有在無窮無盡的世界中去饒益有情、利樂有情，感受到利他的極度的喜悅、像大海那麼廣闊無邊的喜悅。所以大家一定要一起加油！我們再往下看：5'53"

宣說意涵相近的靜慮、般若的勝利皆是止觀勝利

此等是引有止觀名者所有勝利，餘未說止觀名者，凡說靜慮般若勝利，其義同故，應知皆是止觀勝利。6'11"

說上述這些都是命名為止觀者的利益。這裡的「**所**

有」，不是一切的意思，而是「之」的意思，也就是「的」的意思，可以理解為「有止觀名者之勝利」。6'28"

前面引了《解深密經》、《修信大乘經》，還有什麼啊？《般若波羅蜜多教授論》，宣說止觀的勝利。在這些經論中，是直接提到了止觀的名稱，宣說止觀有哪些勝利。在其他的經論中，即使沒有命名為止觀，沒有直接提到止觀的名稱、宣說止觀勝利的，宣說意涵相近的靜慮、般若的勝利的——有的時候是宣說靜慮的勝利，沒有直接提到止或者奢摩他的名稱，這也是奢摩他的勝利；有的時候宣說般若的勝利，沒有直接提到觀或者毗缽舍那的名稱，但是這也是在宣說毗缽舍那的勝利。這是我們要了解的。7'27"

所以大師在這一段當中引了《解深密經》等等，告訴我們止觀有哪些勝利。然後還告訴我們：有其他經論中也有宣說止觀的勝利，但是宣說止觀勝利的時候，它不一定直接提到止觀的名稱；有的時候它宣說了靜慮的勝利，有的時候它宣說了般若的勝利，但是內涵相同的部分，我們要了解它就是在說修習止觀的勝利。7'58"

止觀二者能統攝一切定

以上我們就學完了第一個科判，就是「**修習止觀之勝利**」。接下來我們要繼續，所以請看原文。「**第二者**」，這個第二就是科判中的「**顯示此二攝一切定**」，顯示止觀二者能統攝一切定。再看原文：8'37"

> **譬如一樹，雖有無邊枝葉花果，然總攝彼一切之扼要者厥為根本。8'48"**

舉個例子，就像是一棵樹，雖然樹上具有無邊的枝、葉、花、果，但是統攝這一切枝、葉、花、果的關鍵是什麼呀？最重要的是樹根，對吧！是樹根。所以繼續，說：9'10"

> **如是經說大小乘無邊三摩地，然總攝彼一切之宗**

要，厥為止觀。9'18"

同樣地，經典中開示了大、小乘無量無邊的三摩地，有沒有辦法統攝起來呢？統攝這一切的殊勝的關鍵，就是奢摩他和毗缽舍那。9'34"

接下來宗大師又引了經典的依據，說為什麼會這樣講呢？又看「《解深密經》云」，看！說：9'45"

《解深密經》云：「如我所說無量聲聞、菩薩、如來有無量種勝三摩地，當知一切皆此所攝。」9'58"

所以佛陀在《解深密經》中說，「如我所說」，這個「我」是指佛陀說他自己，佛陀自己。佛陀所開示的聲聞、菩薩與如來無量各種的三摩地，「當知一切皆此所攝」，應當了知這一切全部被奢摩他和毗缽舍那所統攝。佛陀在經典中宣說了聲聞、菩薩、如來，啊！無量無邊的三摩地，像海中的波浪一樣、像水滴一樣數不清楚的三摩地，有沒有辦法統攝起來呢？要想一下經典上那個樹的譬喻。那個樹根是什麼呀？就是奢摩他和毗缽舍那，被奢摩他和毗缽舍那所統攝。接下來再往下看：10'54"

欲求定者應善尋求一切等持的總綱——止觀的修法

> 故欲求定者，不能尋求無邊差別，應善尋求一切等持總綱——止觀二者將護道理，一切時中恆應修學。11'09"

因此由於希求定的人無法尋求等持無邊別相的這個支分，也就是無法尋求所有個別的等持。就像樹上的葉子，假如是一棵超級大的樹，長的葉子長了五百里，經典裡不是有那樣的大樹嗎？那怎麼去數那個葉子多少、花多少？三摩地就像那個花、葉一樣，能不能數過來呢？有無量無邊的三摩地，所以不是我們的智慧所能了知的。11'49"

既然無法尋求無邊的差別，那麼應該怎麼辦呢？要善加尋求所有等持的總綱，也就是止觀。要善加尋求止觀二

者的將護道理，「**將護道理**」就是修持的方法——希求
等持的人在一切時候都應當修學止觀。所以對於我們這些
非常嚮往止觀的佛弟子，宗大師在這裡教導我們說，我們
無法去尋求等持的無邊差別，該怎麼辦呢？就去尋求總
綱，也就是止觀的修法。12'44"

　　找到了這種修法之後，又應該怎麼辦呢？「**一切時
中恆應修學。**」大家可以想一想，「一切時中」，這個
「恆」字，它貫徹的時間點居然是一切時。那你說夢中可
以修定嗎？有人是可以的喔！沒做夢的時候可以嗎？有人
也是可以的。那清醒的時候就更可以了。所以這就是我們
的心透過訓練，透過將護修習之後，它所能達到的一個高
度，透過修鍊達到的。那麼這個高度是什麼呢？就是一切
時候、一切時候都應該修學止觀。13'50"

講次0009
一切時中應學止觀

大家好！又到了我們一起學習止觀的時間，請大家把書翻到 337 頁倒數第 3 行。看：0'32"

引據《修次下篇》

如《修次下篇》云：「世尊雖說諸菩薩眾無量無數等持差別，然止觀二者能遍一切勝三摩地，故當說彼止觀雙運轉道。」0'56"

就是像《修次下篇》說：雖然世尊已經開示了無量無數的菩薩不同的等持，然而止觀二者涵蓋了一切的三摩地，因此當宣說奢摩他與毗缽舍那雙運轉道。1'16"

《廣論》段落

奢摩他校訂本：P15-L4～P15-L7 如《修次下篇》云……修學止觀。」

福智第三版：P337-L11～P337-L13 如《修次下篇》云……應修止觀。」

其實看文的話，可能這樣看一看就看過了，可是仔細去考慮一下，「菩薩眾無量無數等持差別」，注意！「菩薩眾無量無數等持差別」就是這幾個字就過了，但是諸菩薩眾無量無數的等持差別，到底有多少種定呢？我去看《般若經》，真的好多！要把那個定的名字，就《般若經》上已經找到的部分的話，列一下可能要講很長時間，所以我在此處只是列舉幾個給大家聽一聽。2'08"

列舉《大般若經》中所說菩薩無量等持

《大般若波羅蜜多經》卷四百一十四第二分〈三摩地品第十六之二〉：「復次，善現！菩薩摩訶薩大乘相者，謂無量百千無上微妙諸三摩地。即健行三摩地、寶印三摩地、師子遊戲三摩地、妙月三摩地、月幢相三摩地……。」後面佛陀還有解釋每個三摩地的內涵：「善現！云何名為健行三摩地？謂若住此三摩地時，能受一切三摩地境，能辦無邊殊勝健行，能為一切等持導首，是故名為健行三摩地。云何名為寶印三摩地？謂此三摩地能印一切定，是故名為寶印三摩地。云何名為師子遊戲三摩地？謂若住此三摩地時，於諸勝定遊戲自在，是故名為師子遊戲三摩地……。」3'50"

我們在這裡只是列舉了幾個，大家想要了解更多的話，就去看《般若經》。那些定的名字非常地響亮、非常地美妙，看到就會生很大的歡喜心。時間關係，不能在這裡列太多，我們要繼續學。4'17"

那麼這裡邊說菩薩無量無邊的等持真的是太多了！這一生我們所聽聞的也是屈指可數的，是很少的。所以要對那樣的無量無邊的三摩地生起嚮往，發願去能夠修持是很必要的。因為宗大師在《廣論》的前面有講到說：「現能修學者」，怎樣？馬上就要開始修，現在不能修學者，應該廣發正願、積聚資糧，以備將來能修的這個助緣、因緣資糧具備。所以那天在看到那些三摩地的時候，真的是非常地驚喜，就在《般若經》上！看到這一段的時候，就想到：一棵樹會有無量無邊的枝、葉、花、果嗎？應該總有一個盡頭可以數完吧！無量無邊是很多，是形容很多、很多的意思，還是根本沒有邊際？那你說作為一個凡夫，能不能把菩薩的定都數完呢？應該是數不完的，因為不知道有多少功德。就算初地也無法了解二地的功德。5'44"

所以當時還想：為什麼要舉了一棵樹，說有無量無邊的枝、葉、花、果呢？等到看到《般若經》列舉那麼多定的時候，心中的懸念就有一點點落地的感覺。喔，原來有這麼多的定！如果有這麼多的定的話，從什麼地方下手？無量無邊等持，所以才說唯止觀收攝，就像樹根收攝一棵樹一樣，是從止觀收攝，我們從止觀下手修鍊。所以如果沒有學習經論的話，就會為此苦悶，因為真的會看不明白是怎麼回事啊！6'35"

在一切時處勤修止觀

所以宗大師不僅引了《修次後篇》，也引了《修次中篇》。我們接著往下看原文，說：6'46"

《修次中篇》云：「由此二者能攝一切三摩地故，諸瑜伽師一切時中定應修學止觀。」7'02"

　　《修次中篇》說：「**由此二者**」，就是止觀二者，這兩者統攝了一切三摩地，因此所有的瑜伽師在一切的時候必定都要修習止觀。那麼宗大師再再地列舉了佛經、祖師的論，告訴我們說：等持雖然有無量無邊的別相，但是我們是可以透過止觀來統攝這一切的。而且還再再地說明我們要用多長時間修學止觀啊？要在一切時處勤修止觀。7'46"

　　講到「一切時處」，想一想有沒有可能？其實就是永遠在心上放不下。我們總會遇到我們夢裡也有時候會想、醒了也會想，碰到這樣的事情，或者說你會這樣想念一個人。那麼我們有一天會不會這樣去想念止觀呢？透過修鍊是可以的。因為生命的重點已經變成了以止觀為所緣的這樣一個修行，所以有沒有可能才下眉頭、又上心頭呢？是有可能的。所以在一切時處勤修止觀，不是一個遙遠的嚮往，透過腳踏實地的修鍊是可以成辦的。8'35"

　　以上我們就學完了第二個科判「**顯示此二攝一切定**」。止觀二者能統攝一切定，所以修行者應當尋求止觀的修法，在一切時處都必定要勤修止觀。有聽清嗎？在一切時處必定要勤修止觀！ 9'11"

複習前兩個科判的重點

我們從「**敬禮勝尊具大悲者足**」，也就是止觀的皈敬開始，還記得它的科判分幾個嗎？分六個，請大家把科判背下來。「第一」是什麼呀？「修習止觀之勝利；第二、顯示此二攝一切定；三、止觀自性；四、理須雙修之因相；五、次第決定；六、各別學法。」我們學完了前兩個科判，也就是修習止觀勝利和顯示此二攝一切定。9'52"

那麼我們來總結一下：修習止觀的勝利有幾種勝利呀？還記得一開始吧？說世出世間大、小二乘的一切功德皆是止觀之果。這是出自於哪部經啊？《解深密經》，對吧？佛陀對哪一位菩薩講的？那個親切的名字：慈氏，慈氏菩薩。那麼怎樣解釋這部經的經義呢？說一切功德都是止觀之果。辨析的地方在哪裡呢？和聞、思、修都是什麼關係？ 10'35"

可以想一想。10'40"

世出世間大、小乘的一切功德,不一定都是真實的止觀之果,但是如果將專注善所緣以上的三摩地,都歸入奢摩他品;分辨如所有性、盡所有性的意涵的善的智慧,都歸入毗缽舍那品的話,就可以說世出世間大、小乘的一切功德都是止觀的果。11'09"

《修信大乘經》中也說:菩薩的意樂圓滿和加行圓滿,都是從不散亂心正思法、義所出生的。到底怎樣從煩惱的現行和煩惱的習氣中解脫呢?因為這兩個把我們綑綁得非常痛苦。《解深密經》中說:眾生透過修止能脫離相的繫縛,脫離煩惱的現行,因為止就是壓伏煩惱的現行,說降伏也可以;透過修觀能脫離粗重的繫縛,脫離住在我們心續中的引生煩惱的習氣。透過修習止觀,我們能夠脫離煩惱的現行,然後徹底地切斷我們心中煩惱的這個種子。其他的經論中,不一定會講到止觀的名字,但是凡是講到靜慮、般若的功德內涵相同的,都是在宣說止觀的勝利。12'26"

止觀二者能夠統攝一切定，希求定的人無法從無量無邊等持的這個差別相上去找，但是止觀二者卻能攝一切三摩地，是一切定的總綱。所以應該尋求修止觀的方法，一切的時處應當修學止觀、勤修止觀。12'56"

那麼能不能做到在一切時候都修習止觀呢？現在還做不到，但是至少在開始學習奢摩他的時候，我們都拿著經典一起開始學習了，已經開始聽聞了、預習。我在首播大家發的那個短信裡邊，看到很多人就反覆聽好幾遍啊！我們已經在我們的生命中拿出一段時間來，聽宗大師怎樣在《廣論》裡教導我們修習止觀的辦法。所以，離一切時候想起來好像很遙遠，但是對於已經起步的人來說，他就離他的目標一步、一步、一步越來越近！ 13'48"

策勵重複聽聞，穿越遺忘難關

還有的同學就說：「哎呀！不容易聽得懂。」像那天我在問：「欸，有沒有注意到那個結打開了？」有的同學說：「有。」有的同學說：「沒有。」有的同學：「聽不懂。」還有的人說：「啊！聽一遍也記不住。」其實記不起來、聽不懂，這是學習經典的時候一定會碰到的一個問題，是很常見的問題。譬如說：背書背不了，常常遇到的最大的問題是什麼？遺忘，遺忘是記憶的死敵嘛！是背完了又忘，然後忘了又背、背了又忘。那怎麼辦呢？我也經常為這個問題所苦。所以我們的寺院的小沙彌都是要背經，都是要穿越這個問題。14'42"

有一次在開始學《攝類學》的時候，就去請問仁波切，說：「師父，這個太容易忘了！背的經典很容易忘，學《攝類學》也很容易忘，可不可以加持，給我一個不忘陀羅尼？」當時仁波切就拿著《攝類學》的課本，在我的頭上敲三下、加持三下，然後說：「重複、重複、重複！」說完就說：「不忘陀羅尼已經傳給你了！」15'22"

怎麼樣能夠達到不忘記呢？重複、重複、重複！15'33"

那麼對於止觀章，怎麼樣我們能夠慢慢地去熟練它呢？也就是希望大家能夠重複地聽啊！因為平常我們很多年都在學習前面的道次，對於止觀章是非常生疏的，剛剛開始學，所以大家要重複地聽。就像你認識一個人，剛開始認識的時候，如果你印象不清楚的話，可能離開很久、沒見面就忘了。可是如果你天天見面，甚至一天見三次、一天見四次，你說你能把你辦公室裡你的桌子對面那個同事忘掉嗎？那是不會的，正常狀態下是不會，因為天天見面嘛！甚至在一起討論事情啊、聊天啊，然後越來越熟、越來越熟，就是重複地聽——《解深密經》怎麼說，然後宗大師怎麼解釋，心中的疑惑是什麼？這樣越重複、重複，就慢慢地熟練了；熟練了之後，就慢慢了解了；然後慢慢就記起來了。所以這是一個循序漸進的過程。16'51"

在那個短信裡，我還看到有的居士寫說：「哎呀！等這個學習止觀等了二十年！」二十年很長，但是終於到了可以學習的時間了！所以你如果一下子學不懂，或者覺得很陌生，你不要又著急、又上火，你就耐下心來學習。請大家要耐下心來，好好地、慢慢地學。17'21"

師父說：「慢慢走，快快到。」17'26"

所以請大家好好地努力！ 17'32"

廣論止觀初探

止觀自性

講次0010
奢摩他的體性（一）

大家好！又到了我們一起學習《廣論》的時間了。今天我們要開始學習止觀的體性，請大家把《廣論》書翻到 338 頁，看第 1 行，看文：0'36"

依據《解深密經》解釋奢摩他的體性

第三中，奢摩他自性者，0'43"

這是科判中的第三個科判，就是止觀的自性，也就是止觀的體性。首先是奢摩他的自性，我們看一看《解深密經》在怎麼講這一段。看文：1'02"

《廣論》段落
奢摩他校訂本：P15-L8～P16-L1 第三中……遍尋奢摩他。」
福智第三版：P338-L1～P338-L3 第三……求奢摩他。」

如《解深密經》云：「即於如是善思惟法，獨處空閒，內正安住，作意思惟；復即於此能思惟心，內心相續作意思惟，如是正行多安住故，起身輕安及心輕安，是名奢摩他。如是是為菩薩遍尋奢摩他。」1'38"

這段經文，我先依據《四家合註》裡邊巴梭法王的解釋總體地消文一下。是說修奢摩他的人，獨處在僻靜的地方，向內、向內正確地安住，對於那些善思惟的法，注意！對於那些善思惟的法進行作意、作意。這樣能作意的心不受沉和掉的影響，透過向內持續地作意而作意。如此趣入，並且多次地安住。到什麼程度呢？當生起身輕安與心輕安的時候，那個三摩地就是奢摩他。這也就是「**菩薩遍尋奢摩他**」。2'48"

接下來我們再一句一句地仔細解釋一下。像巴梭法王在《四家合註》裡邊解釋說，修奢摩他的人要安住在什麼地方呢？一定要是僻靜之處，安住在那兒之後內心、內心要正確地安住。那麼提到「正確地安住」，什麼是正確地安住呢？巴梭法王解釋說是平等地安住。如月格西解釋說平等就是令內心不要向外散、令心平等，也就是沒有受沉的影響，也沒有受掉的影響，它沒有沉掉的這樣一個高低起伏、晃動不安的一個狀態而趣入對境，所以就稱之為「**正安住**」、「**正安住**」。3'53"

如果想理解這個「正安住」到底是一個什麼狀態呢？除非你去獲得一個真實的經驗，不然我們就只能透過譬喻去揣想一下。比如說想要開始彈琴彈一個曲子，比如說一個古箏，那琴弦是不能太緊也不能太鬆的，要恰到好處才最適合彈奏。那麼怎樣找到這種狀態呢？一定要有一個會彈琴的老師，教你這個弦怎麼樣地去鬆緊度調它的音。也就是要善知識的指導、正確的方法，然後我們經過重複地練習。4'45"

所以獨自處在僻靜處，令心安住之後，要做什麼呢？要做什麼？對於善思惟的法，善思惟什麼法呢？就是善思惟先前所聽聞的那些義理，一定是要先聽聞，然後思惟所聽聞的義理，「**作意思惟**」，緣著那些義理而作意。

「**復即於此能思惟心，內心相續作意思惟**」，也就是作意之前所聽聞的那些義理。在作意的時候，必須要注意到這顆心不受沉掉這樣的一個影響，然後我們的內心相續作意在原來的那個聽聞的法上，相續作意而作意。5'55"

作意包含作意心所與心識的動作兩者

「**即於如是善思惟法**」「**作意思惟；復即於此能思惟心，內心相續作意思惟**」，如果藏文直譯的話，就是「即於如是善思惟法作意，復即於此能作意心，內心相續作意而作意之」。在這段經文裡出現了四次，哪兩個字啊？「思惟」。後面的三個「思惟」，藏文直譯就是「作意」。在經論中說心識就包含了心王與心所，在《般若經》、《大寶積經》，還有《大乘本生心地觀經》中，還有《俱舍論》、《阿毘達磨集論》、《大乘廣五蘊論》等等，很多經典裡當中都有宣說心王與心所的內涵。在《賽倉攝類學》的第七章中也有一個「境與有境」，解釋了心王與心所的內涵。賽倉大師所寫的心類學的著作中說：「以自力各別明了自境的主要的識」，是心的定義，心王可以分為六識；《賽倉攝類學》中說：「有自己所從屬之心的心識」，是心所的定義，心所就可以分為五十一種心所。7'37"

這五十一種心所列舉一下就是：五遍行、五別境、六根本煩惱、二十種隨煩惱、十一種善、四種不定。那麼五遍行是什麼呢？就是觸、作意、受、想、思這五個心所，心王可以分為六識，六識都會與這五個心所相應，所以這五個心所稱之為遍行。「作意」就是其中的一個遍行心所，是指讓心王還有其他的心所注意對境的一個心所，換句話說，心王與其他心所為什麼能夠注意到對境呢？就是因為作意的力量，作意的力量。但是在《解深密經》的這段文裡所說的「作意」，不是特指作意這個心所，是泛指心識的活動。我再說一遍，是泛指心識的活動。那麼心識的動作、心識的活動，就包括安住啊、思考啊、回憶呀，還有觀察抉擇等等。8'55"

獲得奢摩他的界限：身心輕安

> **如是正行多安住故，起身輕安及心輕安，是名奢摩他。** 9'06"

　　如此地安住，並且多次地安住於這樣的作意中，最終能生起身輕安還有心輕安，生起了身輕安與心輕安的這個等持，就是奢摩他了。這就是菩薩周遍尋求的奢摩他。這段《解深密經》的經文不只是開示了奢摩他的體性，也開示了獲得奢摩他的界限。界限是什麼？還記得剛才講過吧？對了！就是要獲得身輕安和心輕安。所以得到奢摩他之後是非常快樂的，因為身也輕安、心也輕安。10'08"

講次0011
奢摩他的體性(二)

　　大家好！又到了我們一起學習《廣論》的時間了。這一週大家還好吧？今天我們繼續學習止觀，請大家翻開《廣論》338頁，第3行。上一次我們學到《解深密經》中宣說了奢摩他的自性，也就是體性。在這個《解深密經》中宣說奢摩他的體性，宗大師引完了《解深密經》的經文之後，接著有解釋經文，我們就往下看《廣論》原文：0'54"

修奢摩他的所緣境

> 義謂隨所定解十二分教中五蘊等義為所緣境，緣彼之心不向餘散，由念正知於彼所緣相續繫念，故心

《廣論》段落
奢摩他校訂本：P16-L1～P16-L5　義謂隨所定解……諸法真實。
福智第三版：P338-L3～P338-L6　義謂隨所定解……諸法真實。

於境能任運住，若時生起身心輕安所有喜樂，此三摩地即奢摩他。1'27"

《解深密經》這段經文的內涵是：對於所定解的十二分教的義理——「十二分教」是什麼呀？十二分教包括契經、應頌、記別、諷頌、自說、因緣、譬喻、本事、本生、方廣、希法、論議，這樣的十二分教。十二分教是佛經的一種分類方式，如果把其中的因緣、譬喻、本事、本生四個合併在一起的話，十二分教也可以攝為九分教；九分教可以再為三藏所攝，攝為三藏，三學也是十二分教的所詮，也是三藏的所詮。2'20"

我們之前聞、思所定解的十二分教的義理，這個義理就是五蘊等任何的內涵，把這個內涵作為所緣境。十二分教開示了五蘊等等的內涵，這裡邊有一個「等」字，這個等字包含了十二處、十八界等等。五蘊——色、受、想、行、識蘊，包含了一切無常法。十二處就是色、聲、香、味、觸、法處，還有眼、耳、鼻、舌、身、意處。十八界就是色界、聲界、香界、味界、觸界、法界，這是所取的

六界；眼界、耳界、鼻界、舌界、身界、意界，這是所依
根的六界；眼識界、耳識界、鼻識界、舌識界、身識界，
還有意識界，這是能依識的六界。所以加起來是多少啊？
三六一十八，十八界。十二處和十八界包含了一切法，一
切法。3'43"

　　所以五蘊、十二處、十八界等等，這些都是佛經為我
們開示的內涵，在修奢摩他的時候，以這些內涵作為所緣
境。4'01"

修成奢摩他的標準

　　說：「**緣彼之心不向餘散，由念正知於彼所緣相續
繫念**」，就是緣著這些內涵的心，不要散逸到其他的地
方，藉由——注意——正念、正知持續地投注在這個所緣
上，持續地投注在這個所緣上。「**故心於境能任運住，
若時生起身心輕安所有喜樂，此三摩地即奢摩他。**」一
旦內心能於此任運地安住於所緣上，「**任運**」是什麼意
思？就是完全不費力氣，自然而然地就能安住於所緣，非

常輕鬆的！那你說我們現在最自然的一個散步是什麼？如果沒有生什麼病，一個很健康的人散步是非常輕鬆的，就往前邁腿，他輕鬆就可以了。說可能比散步還要輕鬆地就能夠安住在所緣上，它不是特別費力氣地去控制這個心、一會兒沉、一會兒散，它已經很受馴服了，被調伏。被調伏之後就會生起身輕安，哇！應該是我們沒有嘗過的身體的一種感受，身輕安。輕安是什麼滋味？去練練看！然後還有心輕安——注意——的喜樂，有身輕安與心輕安的喜樂這個時候，那個三摩地就成為奢摩他了。5'50"

很顯然這個身心的輕安，一定會從我們所聞、思的十二分教中的一個善所緣所出生，而且絕對不會離開正知、正念，所以它是一個對心的訓練。然後訓練到我們的心能夠非常自由地、非常輕鬆地安住在所緣上的時候，並且持續地安住，直到生起身輕安與心輕安的時候，那個三摩地就成為奢摩他了。所以這是很令人期待和嚮往的一種修持，希望我們能夠積聚資糧，能夠完成這樣的一個修鍊。接下來再往下看：6'39"

不須觀待證得空性即能生起奢摩他

> **此由內攝其心不散所緣即能生起，不要通達諸法真實。** 6'48"

　　這樣的一個奢摩他，就是身心都輕安的一個奢摩他，要怎麼樣生起呢？是不是一定要證得空性才能夠生起這樣的奢摩他呢？是不是？大師說這樣的奢摩他，「**內攝其心不散所緣即能生起**」，就是向內執持內心，不從所緣上散漫就能夠生起了；並不觀待於證悟諸法的真實義，就是不需要觀待證得諸法上的空性。所以奢摩他主要是依靠攝心，不要散到其他所緣上就能引生的。說不一定得證得空性才能獲得奢摩他，它靠攝心就可以獲得，所以這就是奢摩他的體性。7'46"

複習《解深密經》的經文

　　那麼我們再複習一下這一段《解深密經》的文。看：7'52"

> 如《解深密經》云：「即於如是善思惟法，獨處空閒，內正安住，作意思惟；復即於此能思惟心，內心相續作意思惟，如是正行多安住故，起身輕安及心輕安，是名奢摩他。如是是為菩薩遍尋奢摩他。」8'20"

再總攝一下就是，修奢摩他的人一定要獨處在僻靜的地方，向內正確地安住，對於那些善思惟的法進行作意。這樣能作意的心不要受沉和掉的影響，透過向內、透過向內持續地作意而作意。如此趣入，注意！趣入不是趣這兒（向外），是趣這兒（向內）。並且多次地安住，當生起身輕安與心輕安的時候，那個三摩地就是奢摩他了，這就是菩薩遍尋三摩地。有聽清楚吧？9'10"

講次0012
毗缽舍那的體性

　　大家好！又到了我們一起學習《廣論》的時間了。上一次我們學到了奢摩他的體性，接下來我們開始要學習毗缽舍那的體性了。請大家還是打開《廣論》338頁，這次要看第7行。我們一起來看原文：0'38"

毗缽舍那的所緣

> 毗缽舍那自性，即前經云：「彼由獲得身心輕安為所依故，捨離心相，即於如所善思惟法，內三摩地所行影像，觀察勝解。即於如是勝三摩地所行影像所知義中，能正思擇、最極思擇、周遍尋思、周遍伺察，若忍、若樂、若覺、若見、若觀，是名毗缽

《廣論》段落
奢摩他校訂本：P16-L6～P17-L4 毗缽舍那自性……隨此派者。
福智第三版：P338-L7～P338-L12 二毗缽舍那自性……隨此派者。

舍那。如是是為菩薩善巧毘缽舍那。」1'29"

　　巴梭法王在《四家合註》裡邊有解釋這段經文。《解深密經》說：「**彼由獲得身心輕安為所依故**」，這個「彼」巴梭法王解釋為修定的人，修定的人獲得了身輕安與心輕安之後，安住在輕安的狀態中，「**為所依故**」，如果這句話從藏文直譯過來，就是安住在這種狀態當中。「**捨離心相**」，「捨離」就是捨棄、斷除緣著其他對境的內心的行相，不是什麼都不緣、什麼都不想，而是不緣著其他的境。那麼不緣著其他的境，要緣著什麼樣的對境呢？「**即於如所善思惟法，內三摩地所行影像，觀察勝解。**」就是對於如所善思惟法的那個三摩地所行影像，將之前奢摩他緣的那些聞思抉擇後思惟的這個內涵，作為內在的三摩地所行的這個影像。2'52"

　　在《四家合註》裡特別有提到止觀的所緣是相同的，所以毘缽舍那就是緣著之前奢摩他所緣的那些法。而奢摩他是緣著什麼法呢？就是過去聞思抉擇思惟的內涵。毘缽舍那將善思惟法作為內在三摩地所行境的這個影像，三摩地的所行境的影像是什麼呢？怎麼理解呢？還是在《四家合註》裡，巴梭法王解釋說，內心所顯現所行境的義共相。3'42"

義共相的定義

在《四家合註》裡，巴梭法王解釋為內心顯現所行境的義共相。所謂的「義共相」，在《攝類學》中它的定義是什麼？「在分別心中，將不是為一，顯現為好像為一的增益分。」那這樣怎麼理解呢？比如說，我們去參訪了月稱光明寺的華藏樓之後，或者我們沒有去過華藏樓，只是聽別人介紹、看照片，然後我們心中就會浮現，啊！華藏樓的那個影像。比如說有一輪金黃的月亮，在那個華藏樓上面的虛空中。其實那個華藏樓的影像它不是真正的華藏樓，但是在分別心中，卻會顯現為與華藏樓是一。這樣的影像就是華藏樓的義共相。4'56"

比如說奢摩他執取空性而修，空性就是奢摩他的所行境，也就是奢摩他最主要執取的這個境。如果是用分別心的奢摩他來修空性的話，那麼在分別心當中，將不是與空性為一的顯現為與空性為一，這樣增益的那一分，就是空性的義共相。5'28"

那麼分別心必須透過顯現義共相，注意！分別心必須透過顯現義共相才能直接執取空性。緣著內在的三摩地所行境的這個影像，對於這些影像要做什麼呢？有幾個字：觀察、勝解──分別觀察空性、勝解空性。5'54"

毗缽舍那的類別

即於如是勝三摩地所行影像所知義中，能正思擇、最極思擇、周遍尋思、周遍伺察，若忍、若樂、若覺、若見、若觀，是名毗缽舍那。如是是為菩薩善巧毗缽舍那。 6'26"

在這些三摩地所行的影像當中，對於所知的意涵要做什麼呀？就要開始思擇了──是正思擇、最極思擇、周遍尋思、周遍伺察。那麼「**忍**」是什麼？就是忍可。

「樂」就是欲樂、希求、欲求。「覺」呢？覺就是區別、分辨它的差別。那麼「見」是什麼呢？見就是觀見。「觀」呢？就是分別，這就是毗缽舍那。「若忍、若樂、若覺、若見、若觀」，這五個的意思到底是什麼？妙音笑大師說：抉擇之後，抉擇之後，不害怕或不擾動，所以稱之為忍；那希樂、欲求如此抉擇，所以稱之為樂，就是它很有希求心，很以此為樂這樣的一個狀態，稱之為樂。這個樂不是快樂的意思，而是希樂、欲求的意思，就是它很嚮往、很想要達到這樣；那麼覺慧是什麼？覺慧，用覺慧去抉擇分辨，所以稱之為覺；那麼緣取或隨見，就稱之為見；耽著，所以稱之為觀，這個觀，藏文直譯是分別。正思擇、最極思擇、周遍尋思、周遍伺察這四種毗缽舍那，各別都可以有忍、樂、覺、見、觀五個。「如是」，這就「是為菩薩善巧毗缽舍那」，菩薩便能夠善巧毗缽舍那了。那麼我們接著再往下看：8'43"

支那堪布所持的錯謬見解

此經宣說毗缽舍那是觀察慧，最極明顯無可抵賴。
8'52"

這段經文解釋一下，就是這段經文極其清晰地宣說了毗缽舍那為觀察慧，毫無抵賴的餘地。宗大師說：這個《解深密經》說不可以抵賴！然後我們繼續看，說：9'13"

> 傳說支那堪布見已謗云：「此是經否，不得而知。」用足毀踏。因彼妄計一切分別皆執實相，要棄觀慧全不作意，乃為修習甚深法義，不順此經，故用足毀。現見多有隨此派者。9'42"

傳說有個支那堪布，看到了這段經文之後，就說：「不知道這是不是佛經！」而且用腳去踩這個經典、踏這個經典。那麼為什麼這個支那堪布會做出令我們非常驚訝和怖畏的這個事情呢？因為他認為凡是分別心都是相執，都是執著行相，因此他拋棄了觀察慧，就是毫不作意，認為毫不作意才是修持甚深的空性。什麼都不想，然後把心放空，不要任何作意，認為這就是修持空性。10'30"

由於《解深密經》的說法，與支那堪布的主張不相符順，所以支那堪布才用腳來踩踏佛經。大師又說：「**現見多有隨此派者**」，就是那個時候當時有很多追隨支那堪布的人。10'53"

在過去靜命論師那個時代，桑耶寺就已經建立了不動靜慮洲，那時候有迎請漢地的出家人——也就是支那堪布，到藏地講禪學。但那個時候的支那堪布修禪的方法是非常清淨、正確的，所以靜命論師沒有反對或破斥。因為非常清淨和正確，所以他非常歡迎來自漢地的禪師們在桑耶寺作觀修。但是靜命論師知道將來會有一位持錯謬見解的這樣的一個支那堪布，他會來藏地，而且會傷害聖教。於是靜命論師就留下了一句話，留下了遺言說：「將來會有持錯謬見解的支那堪布來藏地破壞聖教，那個時候怎麼辦？那個時候可以到印度去迎請我的大弟子蓮花戒，來破斥那位支那堪布對聖教的毀謗。」12'16"

所以有兩種不同的支那堪布：一種是持正確見解的，一種是他的見解是錯謬的、是被祖師呵責和破斥的。不是說所有的支那堪布的見解都是錯誤的，這一點我們一定要分清楚。在《廣論》裡邊破斥的支那堪布，是指持錯謬見解的那個支那堪布。大師也告訴我們說千萬不能隨學，要知道這樣的見解是要破斥的，因為它不是正確地觀修空性的方式；沒有傳承、沒有清淨的傳承，完全不是佛陀讓我們去思惟觀察空性的清淨傳承，所以大師在這裡邊特別指出來說，絕對不能這樣修空性，所以我們要聽清楚！
13'20"

講次0013
依照經論認識止觀的體性（一）

　　大家好！很開心又到了我們一起學習《廣論》的時間。在學習之前想跟大家說：有一些同學說他有很多問題，你們先把你們的問題都記著，因為會安排法師給大家答疑，所以把問題先存著，別忘了！ 0'38"

　　好！那我們今天繼續學。請大家翻開《廣論》，還是338頁，今天是倒數第2行。我們繼續看原文：0'51"

解釋「正思擇、最極思擇、周遍尋思、周遍伺察」

　　┃　聖無著說：「正思擇者，謂思擇盡所有性；最極思

《廣論》段落
奢摩他校訂本：P17-L4～P18-L4 聖無著說……別解經義。
福智第三版：P338-L12～P339-L6 聖無著說……別解經義。

擇，謂思擇如所有性；以有分別慧作意取諸相時，
名周遍尋思；真實觀時，名周遍伺察。」1'19"

　　解釋一下，就是聖無著菩薩說：其中的「**正思擇**」，
是指思擇辨別盡所有性；盡所有性就是指世俗諦，不是空
性的法，不是空性的法。「**最極思擇**」，是指思擇辨別如
所有性；如所有性就是勝義諦、空性。以具有智慧的有分
別作意執取相時，就是「**周遍尋思**」；這裡的「有分別」
的「分別」，在藏文裡跟「尋思」是同一個詞，同一個詞
可以翻譯成分別，也可以翻譯成尋思。這裡邊是在解釋尋
思，所以這裡邊的分別不能理解為分別心，不能理解為分
別心，而是理解為什麼？尋思。「**有分別慧作意**」，就
是指具有尋思智慧這樣的一個作意，用這樣的作意執取相
就是「周遍尋思」。真實觀察、正確地分別時，就是
「**周遍伺察**」。接著宗大師又再解釋，請看原文：2'54"

尋謂粗思，伺謂細察。取諸相者，非是實執，是分
辨境相。由是思擇如所有性、盡所有性，皆有周遍
尋思及周遍伺察。3'17"

　　剛剛提到說周遍尋思與周遍伺察，那麼什麼是「**尋**」呢？「**尋**」就是粗略地思考、粗略地尋思，不會非常仔細地辨別，就是尋。就好比說你到一個地方找一個東西，你就這樣大概看一下沒有或者有，你不會一寸一寸地毯式地搜索，不會這樣找。所以它是一個粗略地尋思。那麼什麼是「**伺**」呢？就是細緻地伺察，仔細地觀察抉擇。「**尋**」與「**伺**」一個是粗略地尋思，一個是細緻地伺察。尋、伺最大的差別就在於分別對境的時候，會有粗與細的這個差別。4'23"

　　「**取諸相者，非是實執，是分辨境相。**」剛剛無著菩薩提到說：「**以有分別慧作意取諸相時，名周遍尋思。**」那麼什麼是「**取諸相**」呢？是不是執著相，也就是相執呢？大師說：「**非執諦實**」，不是諦實執。在很多經論也都提到相執，相執有時候是指諦實執，但是大師說這裡的執相不能理解為諦實執。那應該理解為什麼呢？就是分辨對境的相狀，分辨對境的種種差別。5'18"

　　「**由是思擇如所有性、盡所有性，皆有周遍尋思及**

周遍伺察。」說在思擇分辨如所有性與盡所有性，各自都有周遍尋思與周遍伺察這兩種——思擇如所有性當中，包含了思擇如所有性的周遍尋思與周遍伺察；思擇盡所有性當中，也包含了思擇盡所有性的周遍尋思與周遍伺察。再看說：5'59"

依《寶雲經》、《經莊嚴論》解釋《解深密經》的密意

《寶雲經》說義同《深密》，亦明顯云：「奢摩他者，謂心一境性。毗缽舍那者，謂正觀察。」6'15"

《寶雲經》的說法與《解深密經》是相順的，《寶雲經》中也明確地提到：奢摩他是指心一境性。心一境性是什麼？就是一心專注。毗缽舍那是指什麼？是正確地觀察。那麼再看：6'39"

慈尊於《莊嚴經論》亦云：「應知諸法名，總集為止道，應知妙觀道，思擇諸法義。」6'51"

　　至尊慈氏也在《經莊嚴論》中，他說：應當了知總集諸法的名稱，就是止的道。這裡的「**道**」，在《四家合註》裡邊的巴註，巴梭法王解釋為所緣，止的道就是止的所緣的意思，止的所緣的意思。那麼什麼是止的所緣呢？就是總集、統合諸法的名稱，就是止的所緣。那麼止安住在所緣之上，是以統攝的方式而安住，比如說安住於「諸行無常」，從「諸行無常」這個名稱，注意！從「諸行無常」這個名稱統攝，最終內心就只安住於無常之上。這就是「**應知諸法名，總集為止道**」的意思。7'56"

　　那麼「**應知妙觀道，思擇諸法義**」，就是說應當了知觀的道，這裡邊的「道」也是指所緣的意思，觀的道就是觀的所緣。那麼什麼是觀的所緣呢？就是廣泛地思擇許多的義理。止安住在所緣上的時候，是以總攝的方式安住；而觀安住在所緣上的時候，是以思擇的方式安住。止的方式安住的時候我們比較好理解，可是觀的方式、思擇的方式是怎麼安住的呢？大家可以去繼續學。我們再往下看：8'55"

又云：「正住為所依，心安住於心，及善擇法故，是寂止勝觀。」依正定住心說名為止，善擇法慧說名為觀。前經密意作是解已，令更不能別解經義。9'22"

《經莊嚴論》中又說了：依靠正確安住，心安住於內心，注意！心安住於內心；止息心對境的散亂，安住於內心，以及善加辨別法，因此即是寂止與勝觀。接下來，宗大師解釋說依靠正定，也就是正確的三摩地而止住內心，這就是寂止了；那麼善加辨別諸法的智慧，這就是指勝觀。說由於慈氏、至尊慈氏這樣解釋經典中的如此宣說的密意，因此經典的內涵就不可以再引申為其他的內容。也就是必須這樣解釋經典的內涵，不能自己作另外的解釋。10'25"

在這一小段，宗大師引領我們要遵從於至尊慈氏這樣解釋經典如此宣說的密意，不能想怎麼解釋就怎麼解釋，就是解釋經典一定要有清淨的傳承。那麼能學到清淨的傳承對教典的解釋，何止是三生有幸啊！所以大家一定要好好地學下去。11'05"

講次0014
依照經論認識止觀的體性（二）

前行複習

　　大家好！很高興又到了我們一起學習《廣論》的時間。這一週大家過得還好吧？今天我們會繼續學習奢摩他。0'28"

　　之前我們有學到六個科判中的第三個科判，還記得吧？第三個科判是什麼呢？就是止觀的自性，也就是止觀的體性。前面宗大師引了幾部經來解釋止觀的體性，還記得嗎？有《解深密經》、《寶雲經》、《經莊嚴論》為依據，清晰地解釋了止觀的體性。1'05"

《廣論》段落

奢摩他校訂本：P18-L4～P18-L7　《菩薩地》亦云……是名奢摩他。
福智第三版：P339-L6～P339-L8　《菩薩地》云……是名奢摩他。

今天我們就再往下學，請大家翻開《廣論》339頁第6行。看原文：1'20"

引據《菩薩地》說明奢摩他的體性

> 《菩薩地》亦云：「於離言說唯事唯義所緣境中繫心令住，離諸戲論，離心擾亂想作意故，於諸所緣而作勝解，於諸定相令心內住、安住，廣說乃至一趣等持，是名奢摩他。」1'49"

這個《菩薩地》是出自於《瑜伽師地論·本地分》中的一地。《瑜伽師地論》總共有五個部分，依照次第給大家略說一下，比如說：《本地分》、《攝決擇分》、《攝釋分》、《攝異門分》，還有《攝事分》。《本地分》共講了十七地，《菩薩地》是其中的十五地。2'16"

那麼十七地是哪十七地呢？有沒有同學讀過《瑜伽師地論》呢？比如說：五識身相應地、意地，然後接著是有尋有伺地、無尋唯伺地、無尋無伺地、第六三摩呬多地、第七非三摩呬多地、第八有心地、第九無心地、十聞所成地、十一思所成地、十二是修所成地,十三、十四、十五分別是聲聞地、獨覺地、菩薩地,十六、十七是有餘依地、無餘依地。《菩薩地》是其中的第十五地。接下來我們就看原文:3'13"

所緣境:離言說唯事唯義

《菩薩地》說:「**於離言說唯事唯義所緣境中繫心令住。**」那麼這句話在《四家合註》裡邊,巴梭尊者對於《菩薩地》這段經文就有解釋。大家對巴梭尊者有沒有了解?根據記載,這位尊者前世曾經是克主傑大師的弟弟,他依止宗喀巴大師和克主傑大師,精通諸大經論,是第六任的甘丹赤巴,由於他曾經住錫在巴梭倫珠德清寺,廣作講修的事業,所以被稱為巴梭尊者。4'04"

這位大善知識具有克主傑大師的耳傳教授,還有文殊海大師的耳傳教授,所以是耳傳教授傳承中非常重要的一位傳承祖師。他把耳傳教授傳給了法金剛,法金剛再傳給誰了？著名的溫薩巴。之後就形成了非常有名的溫薩耳傳。溫薩巴就傳給了佛智大師，佛智大師聽過吧？就是造了《三十五佛懺釋》，過去我們曾經學過一輪，希望大家也能夠常常地複習。4'42"

那麼我們再回到《菩薩地》的這段文，巴梭尊者解釋說，這裡邊的「**唯事**」，「唯事」是什麼意思呢？就是純粹的事物，也就是差別事，（差別）那就是特點的意思。那麼「**唯義**」是什麼呢？就是純粹的內涵的體性。如果舉個例子的話，比如說瓶子，瓶子是唯事還是唯義呢？「瓶子」是唯事，「能裝水的大腹器皿」就是內涵的體性，這是仁波切也曾經舉的例子。教典中將空性的體性稱為「不可言說」，也就是「離言說」。「**離言說唯事**」就是「以空性為差別的事物」，也就是具有空性這個差別法的事物；換句話說，就是具有空性這個特點的事物。那麼什麼法具有空性的特點呢？大家可以舉出例子嗎？「不存在的法」會不會具有空性的特點呢？應該是沒辦法。只要是存在的事物，都具有空性的特點。6'06"

執取所緣時心的狀態

　　那麼對於遠離言說、不可言說的「純粹的事物」與「純粹的意涵」，剛才我們講了，要做什麼呢？「繫心令住」，就是令心投注在這樣的一個所緣上。投注是什麼意思呢？就是令心執取這樣的所緣。然後接著就「離諸戲論，離心擾亂想作意故」，作意遠離一切戲論、遠離一切散亂心的這種想。「戲論」作何解釋呢？就是指差別等種種散亂，或者說分別觀察的戲論。那麼「遠離戲論」，就是安住在純粹的事物與純粹的這個意涵上，不會延伸到更多的差別，或者不會分別觀察。仁波切曾經解釋說：離諸戲論，就是不進行這個法的個別特色的觀察。因為如果進行抉擇觀察的話，那就是這裡邊所說的「戲論」了，因為它要求我們繫心令住、離諸戲論。7'36"

　　那麼「離心擾亂」，就是指遠離沉掉所導致的散亂心，要作意這樣的想：就是我的心要離開沉、離開掉這樣的散亂，要作意。那麼這個想具有什麼樣的特點呢？就是「離諸戲論，離心擾亂」，對吧！要作意「離諸戲論，離

心擾亂」的想，使心處於一種「離戲論，離擾亂」的這種
狀態，就是讓心處在這樣的一個狀態之中。這個狀態遠離
了差別等種種散亂，分別觀察的這個戲論也遠離了，而且
還要遠離沉、掉所導致的這個散亂。8'36"

所以他對執取所緣之後的這個心的狀態，用幾個
「離」呀？離諸戲論、離心擾亂想作意，然後還要什麼？
於唯事唯義所緣境中繫心令住。所以它標示出對這個心的
狀態的一種描述，應該是非常精準的描述。9'08"

作意離諸戲論，離心擾亂的想之後，要做什麼呢？
**「於諸所緣而作勝解，於諸定相令心內住、安住，廣
說乃至一趣等持，是名奢摩他。」**那麼我們先解釋一下
「勝解」。勝解其實在不同的地方有不同的解釋，在此
處巴梭尊者解釋為：「勝解」一切所緣，也就是「修持」
一切所緣的這個意思。那麼對於內在的定相，這裡的
「定相」就是指定的所緣。對於定的所緣要做什麼呢？
要**「令心內住、安住」**，乃至到專注**「一趣」**、到**「等
持」**。從內住一直到等持，這中間要總共九個，就是九

住心。10'28"

那麼「九住心」在後面的奢摩他的部分我們就會學到,大概就是:內住、續住、安住,然後近住、調順、寂靜、最極寂靜、專注一趣,最後的就是等持,也可以譯為平等住。就是關於第九住心,玄奘大師在《菩薩地》裡的這段經文裡邊翻譯為等持,《廣論》後面講到九住心的時候,尊法師翻譯為平等住。雖然翻譯的名詞是不一樣的,但實際上指的是同一個住心。11'05"

依著傳承教授數數串習

那麼接著說要勝解所緣,這個「勝解」二字剛才講過,巴梭尊者解釋為修持,勝解所緣就是修持所緣。那麼還記得什麼叫「修持」啊?《廣論》前邊有沒有學過呢?在哪個部分學過呢?〈修持軌理〉部分有講過嗎?宗大師對「修」是怎麼定義的?是不是數數串習呢?大家可以想一想。11'44"

　　那麼說到數數串習，這裡邊有一個「習」字，還記得《論語》裡講說：「學而時習之，不亦說乎？」這個「習」，原來說就是鳥數數拍翅膀然後才能飛翔，所以牠要數數地練習、一遍又一遍地練習。對於這個數數地練習、一遍一遍地練習，大家有學過一些什麼，都會有這樣的一個經驗，比如說一隻小鳥牠的羽毛開始慢慢地豐滿了之後，牠媽媽要帶牠學飛。我曾經非常近地觀察過一隻學飛的小鳥，其實牠一開始根本是飛不了多久的，飛出來之後，牠就會掉在地上。我曾經看過有一窩的小鳥，當時有一個胖嘟嘟的一隻鳥，牠的兄弟姐妹都飛走了，牠還在附近的草叢裡邊蹲著。因為牠飛不回去那個鐵杆上牠父母為牠搭的那個窩，牠飛不回去了，因為牠練飛牠掉下來。所以牠就在草叢裡邊蹲著，天快黑的時候，你就看到有一個圓呼呼的小頭縮在那個草叢裡邊，就是那隻小鳥。當時我想看牠爸爸媽媽會不會回來找牠，後來發現父母親還是回來找牠，陪著牠，結果又比其他的兄弟姐妹多練了好幾天。但是終於有一天看到牠，啊！展翅飛翔，飛到天空去了！ 13'33"

　　對於我們修定來說，就是有了定的所緣之後，我們就要修九住心。修九住心就是要經過數數地練習，一遍又一遍練習，這種過程是必不可少的。我們在這種訓練之中，要磨練自己的心性、耐心，還有沿著教典修行的這種純度，要依著傳承的教授修行。所以不用把修定想成天上的雲朵怎麼樣也追不上，因為這本論就是給想要修定的人寫的。修定是為了做什麼呢？就是要去證得空性啊！為什麼要證得空性呢？了脫生死啊！ 14'22"

　　所以對於定的所緣修九住心，這就是今天所講的奢摩他。上面這段《菩薩地》的原文就是講了修習奢摩他的方法。希望大家今天聽了能生歡喜心、發欲求心，將來我們一起來修九住心，乃至初禪等以上的禪定，用這樣的禪定的攝持力去聞思空性，去證得止觀雙運。 14'59"

　　謝謝大家！ 15'02"

講次0015
依照經論認識止觀的體性（三）

　　大家好！很高興又到了我們一起學習《廣論》的時間了，這一週你們過得好嗎？有沒有生起很多殊勝的善心啊？上一次我們學到《菩薩地》中宣說奢摩他體性的段落，今天我們要繼續往下學，大家準備好了嗎？那麼請翻開《廣論》339頁的倒數第6行，是「**云何毘缽舍那**」，這一段是從哪部論裡邊引出來的？往前看，看倒數第8行，有看到《菩薩地》嗎？對，是《菩薩地》。是《瑜伽師地論‧本地分》十七地中的第十五地，上一次我們學過了。1'15"

　　好！請大家繼續看原文，看書。1'21"

《廣論》段落

奢摩他校訂本：P18-L7～P19-L3 云何毘缽舍那……是名毘缽舍那。」

福智第三版：P339-L8～P339-L12 云何毘缽舍那……是名毘缽舍那。」

引據《菩薩地》說明毗缽舍那的體性

> **云何毗缽舍那？由奢摩他熏修作意，即於如先所思惟法，作意其相，如理簡擇、最極簡擇、極簡擇法，廣說乃至覺明慧行，是名毗缽舍那。** 1'42"

那麼解釋一下，什麼是毗缽舍那呢？說：「**由奢摩他熏修作意，即於如先所思惟**[四]**所緣法**」，在《四家合註》裡巴梭尊者加上了「所緣」。「**作意其相**」，對於修持奢摩他的作意所思惟的所緣的法，要作意這些法的相狀。然後要「**如理簡擇、最極簡擇**」，還有「**極簡擇法**」，乃至經論中廣說的「**覺明慧行**」，就是毗缽舍那。毗缽舍那是進行簡擇，上述所說的都是毗缽舍那，所以在最後他說「**是名毗缽舍那**」。2'41"

修行者心中生起修持奢摩他的作意，這個作意會思惟所緣的法，那麼毗缽舍那是做什麼呢？就是作意這些法的相狀，然後如理簡擇，乃至覺、明、慧行。在海雲論師的《菩薩地釋》中有解釋。海雲論師是誰呢？他是哪裡的人？什麼時代的人？根據《多羅那他印度佛教史》記載，海雲論師是達摩波羅王朝時期的祖師，跟獅子賢論師是差不多的時代，他曾經親見了彌勒菩薩，得到了彌勒菩薩的授記，然後著作《瑜伽師地論釋》，尤其以《菩薩地釋》是最為有名的。3'53"

那麼海雲論師的《菩薩地釋》中說：「**如理簡擇**」，是指執取一切苦的類別而說。注意！是一切苦的類別。說什麼呢？說「此是苦聖諦」，這是如理簡擇。那麼「**最極簡擇**」，就是指分別執持，比如說「此是生苦、此是老苦」等等。那麼「**極簡擇法**」，是指對於開示那些意涵的契經作分別觀察。那麼「**覺**」呢？「**覺**」，就是指與生俱來能夠善加抉擇，指與生俱來能夠善加簡擇，都一樣。那麼這個「**明**」，藏文直譯過來就是善巧的意思，在這裡邊就是指正確地修習。「**慧行**」，就是指運用智慧然後趣入。所以對於在聽聞、讀誦、綜論，然後抉擇已經了解的內涵，要做什麼呢？要更進一步地向上去了解的這種智慧。那麼這裡邊的「綜論」是什麼？其實就是從各種角度廣泛地討論，它比原來自己聽聞、讀誦的這些所抉擇的東西，已經了解的內涵，要更上一步地去了解它更深的智慧，而且角度也要更廣泛地討論。5'37"

說明漢藏譯文之差異

這一段的《菩薩地》的藏文原文裡邊是沒有「覺」字的，但是尊法師在翻譯這段《菩薩地》的原文的時候，是直接按照玄奘大師的譯文，所以它是有「覺」字的。雖然在這一段的《菩薩地》的藏文原文裡邊是沒有「覺」，但是在《瑜伽師地論》裡，如《瑜伽師地論》裡邊的《攝異門分》中，無論是藏文版還是漢文版，都有一一列出「覺、明、慧行」等等。所以從「如理簡擇」到「覺、明、慧行」之間，提到很多毗缽舍那的種類及行相的差別。像《瑜伽師地論‧攝異門分》提到：簡擇、最極簡擇、極簡擇法；解了、等解了、近解了、黠了、通達，和審查、聰睿、覺、明、慧行等等，有機會我們可以看一下。6'38"

那麼接下來，我們可以往下再看原文。可以嗎？有沒有累？6'46"

透過《菩薩地》能了解經典及慈尊意趣

> **此與前說極相隨順。此文如前雙解經意及慈尊意，能於前文所明止觀堅固定解。**7'04"

那麼解釋一下，就是《菩薩地》的說法，與前面所引的經典，像《經莊嚴論》的說法是相順的。一併解釋了經典與至尊慈氏的意趣，能讓我們對前面所辨明的這個止觀的體性，還有生起的方式，能夠發起堅固的定解，所以是講得很清楚的。就是說這個說法的依據是怎麼樣傳承下來的，是非常清晰的。7'41"

「**能於前文所明止觀堅固定解。**」那問大家一個問題：「前文」是指什麼呢？你們現在可以翻書一下，往前看一下。說：「**此文如前雙解經意及慈尊意**」，「雙解經意」和「慈尊意」又是指什麼呢？兩個問題提完了，大家知道應該是往前翻經典吧？對吧？往前看，就看到前面宗大師引過的經論，有哪幾部啊？比如說《解深密經》、《寶雲經》，還有《經莊嚴論》，還有什麼？《瑜伽師地論》裡邊的《菩薩地》。那麼這個「前文」，是除了《菩薩地》以外的《解深密經》、《寶雲經》、《經莊嚴論》。「雙解」，就是解釋了經意、又解釋了慈尊的意趣，所以是雙解。8'51"

是哪一部論，既解釋了經意、又解釋了慈尊的意趣呢？哪一部論啊？就是《菩薩地》，對吧？透過《菩薩地》的這段文，既解釋了經典的意趣，又解釋了慈尊的意趣，能讓我們對於前面引到的這個《解深密經》，還有《寶雲經》、《經莊嚴論》所說的止觀發起堅固的定解。有清楚一些吧？9'27"

那麼，接下來我們繼續往下看原文：9'38"

引據《修次中篇》說明止觀的體性

《修次中篇》亦云：「外境散亂既止息已，於內所緣，恆常相續任運而轉，安住歡喜輕安之心，是名奢摩他。即由安住奢摩他時，但唯於彼思擇之者，是名毘缽舍那。」10'03"

在《四家合註》裡邊，巴梭尊者有解釋說，《修次中篇》中也提到：透過修持所緣，內心止息了對外在的這個境界的散亂。再說一遍，透過修持所緣，就是內心中繫心一個所緣，然後它的作用是內心止息了對於外境的散亂。止息散亂之後幹什麼呢？不是就沉醉在那個禪定的喜悅中，或者說享受於禪定的喜悅中，不是這樣的。止息了對於外境的散亂，那麼應該「**於內所緣，恆常相續任運而轉**」。這裡的「恆常相續」就是持續的意思，「任運而轉」是指毫不費力氣地自然而然地就趣入。趣入了什麼呢？就是向內趣入所緣。所以止息散亂之後，能向內持續任運趣入所緣。更進一步，「**安住歡喜輕安之心**」，這個是「**奢摩他**」，就是安住於具足歡喜與輕安的心。11'28"

　　那麼在《四家合註》裡面，巴梭尊者解釋說這裡的「**歡喜**」是指什麼呀？歡喜是指心歡喜，心意特別地歡喜。「**輕安**」主要指什麼？就是身體輕安。所以這個身體輕安，就異於我們平常沒有修定的時候的一個比如說沉重啊，到處都不舒服，或者是生病，或者是疲憊等等，它就是這個四大不調，一直不舒服。但是一旦修起禪定之後，這個身體會呈現出一個非常……以前我們講過說「輕」到什麼程度？像一個羽毛一樣，非常非常地輕、非常地安適。所以它指身體的一種，帶給我們的一個愉悅感，不會那麼重。所以安住於具足歡喜與輕安的心，注意！安住於具足歡喜與輕安的心就是奢摩他。12'30"

　　那麼什麼是「**毘缽舍那**」呢？當我們安住到這個歡喜和輕安的心之後是做什麼呢？我前面講說是不是就安享其中呢？別忘了還有老、死在後面追逐呢！所以應該去研究什麼是毘缽舍那。因為修習毘缽舍那才能了脫生死，把我們無明的根徹底地用慧劍斷掉。那麼到底什麼是毘缽舍那呢？它是「**即由安住奢摩他時**」，記得吧？「**但唯於彼思擇之者，是名毘缽舍那。**」安住奢摩他時只緣著那個境，以智慧思擇那個境，這樣的智慧就是毗缽舍那。這裡是《修次中篇》中對奢摩他與毗缽舍那的解釋。13'30"

那麼我們可以觀察一下我們對禪定的認識，住於這種歡喜輕安之心之後，你能夠輕鬆地趣入所緣，並且安住於所緣的這樣的一種狀態，就是這個心好像可以很容易馴服了。那麼馴服了這樣的心之後，我們拿這樣的心要去做什麼呢？就要去進行觀察生死的根本到底是什麼，然後找到俱生我執，進一步地修持了脫生死的這個智慧，因為這是佛陀出世的本懷呀！14'11"

所以我們要了解修定是為了修智慧，對吧！所以戒、定、慧三學是緊密相連的一個次第。希望在我們學到這些的時候，我們能對後面的毗缽舍那生起這樣的一個欲樂和希求之心。14'31"

今天就講到這裡，謝謝大家！14'37"

講次0016
依照經論認識止觀的體性（四）

　　大家好！又到了我們一起學習《廣論》的時間了。這一週你們過得還不錯吧？請大家在這個時間能夠專注地開始聽聞。今天我們繼續學，請大家翻開《廣論》339頁倒數第2行。請大家看原文：0'46"

引據《般若波羅蜜多教授論》說明止觀的所緣

> 《般若波羅蜜多教授論》亦云：「盡所有性、如所有性無分別影像者，是止所緣。盡所有性、如所有性有分別影像者，是觀所緣。」1'07"

　　還記得《般若波羅蜜多教授論》是哪一位祖師造的

《廣論》段落
奢摩他校訂本：P19-L4～P19-L10　《般若波羅蜜多教授論》亦云……所作成辦。」
福智第三版：P339-L12～P340-L3　《般若波羅蜜多教授論》云……所作成辦。」

嗎？有沒有人回答對呢？是寂靜論師所造的。寂靜論師是誰的上師呢？是阿底峽尊者的上師之一。那麼在寂靜論師所造的《般若波羅蜜多教授論》中也說：盡所有性、如所有性無分別影像，是止的所緣；盡所有性、如所有性有分別影像，就是觀的所緣。盡所有性是世俗諦，不是空性的法；如所有性就是勝義諦，是指空性。1'49"

在《四家合註》裡巴梭尊者解釋說：無論是對於如所有性還是盡所有性，沒有用分別觀察的智慧去分別，就是這裡所說的「**無分別**」，那麼這樣的心所顯現的義共相，就是「**無分別影像**」。而無分別影像是什麼的所緣呢？是止的所緣。用分別觀察的智慧去緣如所有性或盡所有性，就是這裡邊所說的「**有分別**」。分別觀察的心中所顯現的義共相，就是「**有分別影像**」。而有分別影像是什麼的所緣呢？有沒有答對呢？是觀的所緣。2'46"

這裡邊說到了「有分別影像」和「無分別影像」。意識去修學奢摩他和毗缽舍那的時候，所緣的影像——注意喔——是以義共相為主。奢摩他是安住在這個影像上不觀察，由於不觀察的緣故，這種影像就稱為「無分別影像」。有沒有聽清呢？那麼毗缽舍那就不只是安住在這個影像上，還需要作進一步地觀察、剖析，來反覆地抉擇這個境，所以這種影像很顯然就是「有分別影像」。3'38"

說明「分別」的三種內涵

我們經常聽到「分別」這個詞，那麼「分別」的內涵它是有很多種：第一種，比如像愛惡親疏這類的分別心，這個就是我們要對治掉的，屬於煩惱品，是不該有的。那麼第二種，根識與意識的無分別心與有分別心，這種分別心並不需要斷除，為什麼呀？因為所有的比量都是分別心，都是透過義共相緣取自己的什麼呀？自己的對境。凡是具有義共相的心識都是屬於什麼心啊？分別心。那麼無分別心是怎樣的呢？無分別心就不需要透過義共相去緣取這個對境啊！比如說看見瓶子的眼識，請問是有分別心還是無分別呀？是無分別心對不對？同樣的「分別」兩個字，內涵卻是不一樣的，這個一定要看前後文才能夠辨別清楚。4'56"

那麼第三種是什麼呢？剛剛提到影像的有分別與無分別，並不是上述兩者的有分別與無分別，只是很單純地指，注意！很單純地指有觀察作用和沒有觀察作用。那麼有觀察的影像是有分別影像，沒有觀察的影像就是無分別影像。5'26"

接著我們再看原文：5'32"

> **此說於如所有性、盡所有性之義，不分別住，名奢摩他；思擇二境，名毗缽舍那。** 5'47"

宗大師在引完了《般若波羅蜜多教授論》之後，就總結了，說：這段文提到了，對於如所有性與盡所有性的意涵——無分別而住，就是奢摩他；思擇如所有性與盡所有性這兩種境，就是毗缽舍那。6'14"

《解深密經》中的彌勒菩薩三問

接著宗大師又引了《解深密經》，經中就有很著名的彌勒菩薩三問，然後佛陀三答。所以請大家繼續看原文：
6'31"

> 以此亦即《深密》密意，如云：「世尊，幾是奢摩
> 他所緣？告曰：一種，謂無分別影像。幾是毘缽舍
> 那所緣？告曰：一種，謂有分別影像。幾是俱所
> 緣？告曰：有二，謂事邊際、所作成辦。」7'05"

　　解釋一下這一段，就是對於如所有性與盡所有性的義
理無分別而安住，是什麼呀？就是奢摩他。思擇如所有性
與盡所有性這兩種境，是毗缽舍那。這是《解深密經》的
意趣。那麼《解深密經》中，就有一段很精彩的彌勒菩薩
跟佛陀這樣的問答。彌勒菩薩就請問世尊了，說：「有幾
種是奢摩他的所緣啊？」像我們在學習奢摩他的時候，我
們也會問這個問題：「有幾種是奢摩他的所緣呢？」那麼
佛陀就回答了，說有幾種啊？「有一種，就是無分別的影
像。」7'50"

　　關於佛陀回答了這一種，在《四家合註》裡邊，巴梭

尊者有解釋說：無分別的影像，就是指心中現起「沒有用分別觀察的智慧去分別的義共相的這個影像」。那麼換一句話說，就是心中現起一種義共相，這個義共相其實就是影像。什麼樣的義共相呢？就是沒有用分別觀察的智慧去分別的心所顯現的這個義共相，這樣的義共相就是無分別影像，也是奢摩他的所緣。8'30"

那麼接著彌勒菩薩又請問佛陀了，說：「有幾種是毗缽舍那的所緣呢？」然後佛陀就回答說：「有一種，就是有分別的影像。」什麼是有分別影像呢？在《四家合註》裡邊，巴梭尊者有這樣解釋說：有分別的影像，就是指心中現起「用分別觀察的智慧去分別的義共相的這樣一個影像」。換句話說，就是心中現起一個義共相，什麼樣的義共相呢？就是用分別觀察的智慧去分別的心顯現的這樣一個義共相，這樣的義共相，就叫有分別影像。是什麼的所緣啊？是毗缽舍那的所緣。9'30"

彌勒菩薩幾問了？兩問了，對吧？接著彌勒菩薩又請問佛陀，說：「有幾種是奢摩他與毗缽舍那二者的所緣呢?」佛陀就回答說:「有兩種,事邊際與所作成辦。」關於有分別影像、無分別影像,還有事邊際、所作成辦這四個所緣,《廣論》的後面講到奢摩他的所緣的時候會詳細地解釋,我們今天就不詳細地解釋了。10'14"

　　今天就講到這兒,謝謝大家! 10'18"

講次0017
依照經論認識止觀的體性（五）

　　大家好！又到了我們一起學習《廣論》的時間了，這一週大家過得還好吧？今天我們繼續學習，請大家翻開《廣論》340頁，第3行，請看原文：0'33"

止觀二者非就所緣境的角度來區分

> 《集論》於事邊際，開說如所有性及盡所有性之二。由是如前寂靜論師所說，止觀皆有緣取如所有性、盡所有性二者。0'53"

　　那麼解釋一下，就是由於《集論》提到了「事邊際」這個所緣，事邊際這個所緣有如所有性、盡所有性

《廣論》段落

奢摩他校訂本：P19-L10～P21-L1　《集論》於事邊際……有明淨分故。

福智第三版：P340-L3～P340-L10　《集論》於事邊際……有明淨分故。

161

兩種。因此，如同寂靜論師前面所說的，止觀各別都有緣著如所有性與盡所有性兩種——有緣著如所有性的止，也有緣著盡所有性的止；同樣地，有緣著如所有性的觀，也有緣著盡所有性的觀。1'26"

接著我們再看原文，說：1'31"

是故止觀非就所緣境相而分，既有通達空性之止，亦有不達空性之觀。 1'42"

解釋一下，因為《集論》、寂靜論師都這麼說，所以止觀二者並非是從所緣境的角度來區分的，不能說：「因為緣著什麼境就一定是止，因為緣著什麼境就一定是觀」，不能從所緣境的角度來區分止觀的這個差別。所以，寂止不一定沒有通達空性，有通達空性的寂止；勝觀不一定就通達空性，也有還沒有通達空性的勝觀。2'25"

命名為止觀的原因

那麼既然不能從境上去區別止觀——所緣境上去區別，止觀應該從何處區分呢？有答案嗎？就請看下文。說：2'48"

> **若能止心於外境轉，住內所緣故名寂止，增上觀照故名勝觀。** 3'01"

看看，已經解釋了。說其中由於止息了內心奔馳於外境的這個力量，就是他已經把奔馳於外境的力量止息了，**「止心於外境轉」**，這個轉就是一直隨著外境這樣跟著、跟著這樣繞，這個轉動已經停了。而向內安住於所緣，從外境止了之後，是不是就沒所緣了呢？不是這樣的，他的所緣轉向內了。然後**「住內所緣」**，安住於內、向內安住所緣，因此就名為**「寂止」**。3'49"

那麼**「勝觀」**呢？勝觀的梵文音譯就是毗缽舍那，「勝」有殊勝、增上的意思，「觀」也有看見的意思，是以更深入的方式去觀察所緣。由於超勝、殊勝地觀見，因此被稱為、名為「勝觀」。這是大師解釋為什麼會命名為寂止與勝觀的原因。4'22"

他宗：以有無明分力區分止觀

接著看。宗大師舉了一個他宗的想法，那麼這個他宗的想法是什麼呢？繼續看原文。你們有找到行吧？看書。4'38"

> **有說內心無分別住，無有明了之明分力，說名為止；有明分力，說名為觀。** 4'53"

那麼接著現在就是「有人說」了！有人說什麼呢？說有人承許內心無分別而安住，沒有明了清晰的那一分力量，這就是寂止了；具有清晰的那一分力量，就是勝觀了。有人的看法是這樣。5'12"

注意！「無有明了之明分力」，「**無有明了之明分**

力」這句話出現了兩個什麼呀？兩個「明」，「無有明了」還有「之明分」，出現了兩個「明」。那麼第一個明，就是「**無有明了**」的明了，是什麼意思啊？這裡的「明了」，它不是明明白白的意思，它是指心識。那麼第二個明，「**明分力**」的明，是明晰的意思。「明分」就是清晰的那一分，注意！清晰的、明晰的那一分。接著是「**明分力**」，請注意！明分後面有個什麼字啊？對！力量的「力」，說心識已經不單單是明晰、清晰而已，而且要有具有更明晰的這個力量，要明晰而有力。6'19"

這個他宗就認為，有人就這樣認為同樣都是內心無分別而安住，沒有明分力就是什麼呀？就是止，有明分力就是觀了。所以他把止觀的界線分成是哪兒了呢？就是從有明分力和沒有明分力。沒有明分力是什麼呀？是止。有明分力就是觀，所以他從明分力這個地方畫了一條線。那麼這樣的說法有清淨傳承嗎？宗大師會承許這樣的說法嗎？很顯然大師不承許，所以大師就破斥了這樣的想法。大家可以接著向下看原文。注意！注意！找到書看。「此不應理」有找到吧？此不應理。7'17"

破除他宗：他宗的說法與經論相違

> 此不應理，以與佛經及慈尊、無著之論，並《修次第》等諸廣決擇止觀相者，說於所緣心一境性勝三摩地名奢摩他，於所知義正簡擇慧名毘缽舍那皆相違故。7'42"

　　宗大師提出了自己的看法，直接說這個他宗的說法並不合理，就是「**此不應理**」。為什麼呢？因為和佛經，還有紹勝慈尊的論典，還有無著菩薩的論典，還有《修次第論》等等這個教典，全是相違的！在這些經論中有廣泛地抉擇止觀的定義，所以宗大師不是說：「我是這樣講的」，而是說：「佛菩薩是這樣講，佛菩薩經論中沒有這樣說。」那麼經論中到底是怎麼說的呢？到底什麼是止？什麼是觀？它們中間的那條線到底又是什麼呢？其中如果提到「止」的話，一心專注於所緣的三摩地，就是奢摩他，對吧？「**於所緣心一境性**」，就是指一心專注於所緣上，這很顯然就是奢摩他的定義。那麼什麼是「觀」呢？提到觀了，什麼是「觀」？說正確地分辨所知內涵的——注意——智慧，就是毗缽舍那，「**正簡擇**」就是正確地分辨。9'14"

那麼這樣看完了這兩段之後，很顯然他宗對於止觀的安立的方式，與上述的經論相違。因為在佛經、彌勒菩薩的論典，還有無著菩薩論典，還有蓮花戒論師所造的《修次第論》，這些論典、經論當中都沒有看過那個他宗的說法，都不是從有沒有明分力來區別止和觀的這個差別。而是從什麼區別的啊？而是從一心專注於所緣的三摩地，就是奢摩他；正確地分辨所知的內涵的智慧，是毗缽舍那。有沒有清楚一點啊？10'06"

不能以有無明分力作為止觀的差別

好！我們接著再看原文，說：10'13"

特於無分別心有無明了之明分力者，是因三摩地有無沈沒之差別，以此為止觀之差別，極不應理，以一切奢摩他定皆須離沈，凡離沈沒三摩地中，心皆

定有明淨分故。10'43"

那麼我們解釋一下這一段的話。尤其無分別心是否具有明了清晰的那一分的力量，這不是止觀的差別，而是什麼呀？而是三摩地有沒有沉沒的差別：如果有沉沒，一定就沒有明分力；沒有沉沒，才會有明分力。有人將有沒有明分力作為止觀的差別，認為沒有明分力就是止，有明分力就是觀，很顯然這樣的想法是不合理的。為什麼呢？因為一切奢摩他必須都要遠離沉沒，而一切遠離沉沒的三摩地，它都必須具有一個特色，就是內心澄明的那一分的緣故。11'47"

那麼什麼是沉沒？所謂沉沒就是心——注意喔——就是心無法清晰有力地顯現境。比如說舉個例子，我現在在修止的話，如果我觀想一朵花，可是這朵花在我的義共相裡邊不清晰、也沒有力，就是這種狀態，就是沉沒。所以沉沒就是心無法清晰有力地顯現境。然後還有分細微的沉沒的時候，就是心雖然可以明顯地看到，就是他就像可以看到這個花，但是卻有一種鬆散的感覺，鬆散。那麼奢摩他不只是心要明晰地顯現境，還要能夠——注意！注意我的詞——抓緊，抓緊這個境。抓到什麼程度呢？就像磁鐵牢牢地吸住鐵一樣，所以他心跟那所緣境是非常緊的。12'58"

止觀是從作用的角度來區分

奢摩他和毗缽舍那顯現境的時候，它倆的共性都是明了、不散亂、遠離沉沒。那麼止觀的差別在於什麼呢？就是一者是，注意！一者是什麼？安住的作用——這是止，對不對？安住的作用。那麼另一者是什麼？是觀察的作用。所以止觀是從什麼地方畫一條線啊？有沒有聽清？是從作用上畫了一條線。那麼奢摩他是做什麼用的？是安住的，讓我們的心安住於內所緣。那麼毗缽舍那是做什麼的？是觀察的，對吧？是觀察的作用。所以它是從作用上來區分什麼是止、什麼是觀，絕對不是從有沒有明分力然後來區別的。13'55"

所以有沒有明分力，可不可以區分止與觀啊？有沒有明分力是無法區別止與觀的。他宗的這樣的說法有沒有經論依據？完全沒有經論依據！能不能照著修行？絕對不可以照著修行。所以學經論對於我們重不重要啊？是非常非常重要的！就像眼目一樣，像眼睛一樣。有了清晰正確的知見，在這樣的知見下指導，然後我們修定或修慧、持戒，才能真正地成辦解脫老死的理想。14'38"

所以呀，哎！學到此處，要感恩佛菩薩對我們的深恩啊！在經論中一再地為我們指示何者是正確的解脫之道，何者是錯謬的修行之道。所以這對於修行者來說，對於我們自許我們是修行者，對我們要出離是何等地珍貴呀！所以捧讀這樣的一個清晰明確的關於止觀的教授，希望大家能夠心生歡喜，不要覺得難。只要耐心地、不要著急地一遍一遍地學下去，我們就會對止觀章會學到非常地熟練。15'27"

今天就講到這裡，謝謝大家！下週見。15'33"

講次0018
依照經論認識止觀的體性（六）

　　大家好！又到了我們一起學習《廣論》的時間了，這一週大家過得還好嗎？很開心在這個美麗的星球上，我們又開始一起學習《廣論》，要很珍惜這樣的緣分！今天我們會繼續學，請大家翻到《廣論》的 340 頁倒數第 4 行。請大家開始看原文：0'52"

辨識緣如所有性的定、慧的角度

> 故緣如所有性之定、慧，是就內心證與未證二無我境隨一而定，非就其心住與不住明了、安樂、無分別相而為判別，以心未趣向無我真實者，亦有無量明、樂、無分別三摩地故。1'22"

《廣論》段落

奢摩他校訂本：P21-L2～P22-L1 故緣如所有性之定、慧……應善辨二定差別。

福智第三版：P340-L10～P341-L3 故緣如所有性之定慧……善辨二定差別。

那麼我們解釋一下。因此緣著如所有性的定與智慧，**「如所有性」**記不記得是什麼了？就是空性。那麼緣著如所有性，也就是空性的定與智慧，要從內心確認，怎麼確認呢？就是內心是否證得了兩種無我這個境的任何一者的角度來辨識。換句話說，無論是定還是慧，如果證得補特伽羅無我或者法無我——人無我和法無我這樣的定、慧，就是緣著如所有性的定、慧，也就是緣著空性的定、慧。如果不是證得兩種無我其中任何一者的定、慧，就不是緣著如所有性的定、慧，也即是不是緣著空性的定和慧。2'24"

所以絕對不能從內心是否處於具有安樂、清晰的這個無分別的角度，來辨識、來分辨緣著如所有性的定、慧。也就是說，不能認為具有安樂、清晰的無分別就是緣著如所有性即空性，不具有安樂和清晰的無分別就不是緣著如所有性。那麼為什麼不能這樣認為呢？因為有無量的安樂、清晰、無分別的定，確定這個定它不是從內心是否趣向於無我真實這個境的緣故，它不是從這裡邊分的。這裡邊「真實」顯然就是指空性。先不要說證得空性，即使是內心沒有趣向空性，能不能夠獲得那樣的安樂、清晰等等？其實即使內心沒有趣向空性，也能獲得具足像安樂、清晰、無分別的這樣的一個定。3'44"

比如說像外道修定，他也是能夠獲得具足安樂、清晰、無分別的定。但是我們都知道外道是沒有空性，他修定也不可能趣向空性，因為沒有空性教授；唯有佛陀開示了空性，也唯有佛教才能夠講到空性。因此不能從內心是否處於具有安樂、清晰的這個無分別，來辨識他緣著如所有性的這個定、慧。有沒有聽清楚？4'25"

不了解空性與生起無分別定不相違

好！那接著我們再看下一段。看書，有沒有看書？要找到行。4'35"

> 現前可證，雖未獲得實性見解，但可執心令無分別，故未解空性，生無分別定，無少相違。4'49"

雖然還沒有獲得證得實性的正見，也就是他沒有獲得什麼呀？沒有獲得空正見。但是他只要攝持內心毫無分別，就能夠生起無分別定，這是其實可以現前證成的事情。所以即使不了解空性，但是能不能夠生起無分別定呢？可以生起無分別定。「不了解空性」與「生起無分別定」有相違之處嗎？沒有絲毫的相違之處。所以不會因為不了解空性，就不能生起無分別定。對不對？是這樣吧？5'37"

好！我們再接著往下看。有找到行吧！ 5'42"

若能由此久攝其心，以攝心力生堪能風，彼生起時，身心法爾能生喜樂，故生安樂亦不相違。喜樂生已，即由喜樂受相明了力，能令心起明分。 6'01"

那麼解釋一下，如果能由此而長時間地攝持內心，注意！這個「**此**」是指什麼呀？無分別定，對不對？生起無分別定之後，用無分別定長時間地攝持內心、攝持內心，藉由攝持內心的力量，因為他花很長時間訓練，所以訓練出攝持內心的力量。一旦產生，注意！一旦產生堪能的風息，風息是什麼？就是身體裡的風。平時我們沒有修定的時候，身體的風是不堪能，不堪能是什麼意思？就是它不受自己控制，它不調柔、不調順。但是透過攝心的力量之後，身體裡的風會變得調順，風息調順之後，我們的身心法爾就會生起喜樂了，身心自然生起了喜樂。7'03"

因此，注意！沒有證得空性，還沒有獲得空正見，這與生不生起安樂相違嗎？不相違。不會因為我們還沒有證得空性，就無法在心中生起安樂——禪定的安樂。所以當心中生起喜樂的時候，由於喜樂的感受行相清晰的這個力量——這個喜樂的感受它的行相清晰對吧？清晰。由於這個喜樂的感受行相清晰的力量，注意！就能生起內心的明分。7'42"

必須區別證與未證空性的定的差別

接著我們再看原文，有找到行？看書。7'47"

> 故說一切明了、安樂、無分別定，皆證真性，全無
> 確證。故證空性妙三摩地，雖有明、樂、無所分
> 別，諸未趣向空性之定，亦有極多明了、安樂及無
> 分別，故應善辨二定差別。8'12"

　　那麼我們來了解一下這一段在講什麼呢？因此，想要
成立一切明了、安樂的這個無分別定都是證得真實性空
性，「**全無確證**」，就是沒有任何清淨正確的依據呀！
這麼說沒有依據的。沒有任何清淨正確的依據可以成立一
切明了、安樂的無分別定都是證得真實性的空性。因此，
證得空性的三摩地，也會有明晰、安樂、無分別，也有非
常多內心還沒有趣向空性的定，但是它會生起明了、安
樂、無分別，所以必須去區別這兩者的差別。9'15"

　　總之，我們前面討論過的這個「明分力」的問題，就
是絕對不能在明分力那兒畫一條線 ── 沒有明分力就是
止，有明分力就是觀，這種判斷止觀的方式要給它打一個
大大的叉！是錯誤的，沒有經論依據！因為經論裡邊說止
觀是不同的心所，止是三摩地、觀是慧，而且所有的奢摩

他都具有明分力，所以不能說止沒有明分力。這個明分力的問題，其實我們來分析一下：他用明分力說是止、是觀，其實他宗既不了解止，也不了解觀，因為他宗說的這個明分力的問題，既不是止，也不是觀。10'17"

那麼接著還有一個問題，安住於明了、安樂、無分別，是不是就是觀呢？這個分幾種狀況？分兩種狀況：一種是內心沒有安住，一種是內心有安住。那麼第一種，內心沒有安住於明了、安樂、無分別，既不是止，也不是觀。對不對？是這樣吧！那麼第二種，內心安住於明了、安樂、無分別，可以是止，但是不一定是觀。對不對？因為不一定它有抉擇力，它不一定是有抉擇力引生的輕安啊！11'00"

那麼生起了明了、安樂、無分別的定，是不是就是證得空性了呢？你們在答什麼？不一定，對吧！那麼為什麼呢？因為沒有證得空性的人，透過修行可不可以在內心中也生起了具足明了、安樂、無分別的定呢？可以的。因此證得空性與內心安住於明了、安樂、無分別，有很大的差別的！ 11'35"

　　如果我們沒有仔細地去辨別其中的差別，自己由於修定，注意喔！由於修定獲得了明了、安樂、無分別的這個定，如果這個時候他自己以為證空性了，或者認為獲得了證得空性的毗缽舍那了，這是完全搞錯了，因為他只是在修定罷了！如果把修定的這個明了、安樂、無分別定認為是證得毗缽舍那所產生的一種覺受的話，那不是大錯特錯了？因為他如果認為是毗缽舍那、證得空性，他認為這可以解脫老死了，但實際上這只是在修定而已呀，跟解脫老死完全不著邊的。所以這個定和慧的抉擇，它的分界點是非常重要的！ 12'34"

結勸

　　今天很高興跟大家在一起學習了這一段，希望經過你們努力地重複聽聞，我們能把這一段越學越清楚，大家一定要加油！謝謝！ 12'53"

廣論止觀初探

須雙修之因相

講次0019
雙修止觀的原因

大家好！很開心又到了我們一起學習奢摩他的時間了。我們相聚此時、珍惜此時，也專注於此時、精進此時，希望能夠延續到生生世世的每一個此時。0'38"

第四科：止觀二者都必須修持的原因

請大家把《廣論》打開，翻到 341 頁第 4 行。看科判：0'54"

▌第四、須雙修止觀之因相：0'58"

「須雙修」，是什麼必須雙修呢？對，是止觀。所以

《廣論》段落
奢摩他校訂本：P22-L2～P23-L2 第四、須雙修止觀之因相……習近二者。
福智第三版：P341-L4～P341-L10 第四理須雙修……故當雙修。」

止觀必須雙修的原因是什麼呢？再看：「**第四、須雙修止觀之因相**」。第四科，就是要雙修的因相是什麼？大家還記得前面三個科判嗎？第一個是什麼？「修習止觀之勝利；第二、顯示此二攝一切定；第三、」什麼？「止觀自性；第四、須雙修之因相；第五、次第決定之理；第六、各別學法。」前面我們學完了「修習止觀之勝利」、「顯示此二攝一切定」，還有「止觀自性」這三個科判。今天我們就要繼續往下學。請大家看《廣論》：1'56"

以夜間燃燈觀畫比喻止觀雙修

> **修止觀一種，何非完足，必雙修耶？** 2'07"

在這裡邊大師先提出了一個問題，說：為什麼不各別修持止觀就可以了，而是必須要止觀二者雙修呢？那各別單修止或單修觀就可以了。然後接下來，我們看宗大師是怎麼回答的，看書。2'35"

> **答：譬如夜間，為觀壁畫而燃燈燭，若燈明亮無風**

> 擾動，乃能明見諸像；若燈不明，或燈雖明而有風動，是則不能明見諸色。3'00"

在回答這個問題之前，宗大師先給我們舉了一個例子：在一個夜晚，我們去看一個很古老的牆上的壁畫，為了看清楚牆壁上的壁畫，就必須要點燃燈火，要掌一個燈。如果火焰極其明亮的話，而且壁畫的地方沒有風，不會風吹晃動火苗的話，具足這兩個條件，我們就可以極為清晰地看到那個壁畫了。那麼如果沒有風，但是火焰不明亮，或者雖然明亮，但是風吹著那個火焰會產生晃動的話，其實我們是無法清晰地看見諸色，就是看見那個畫的。必須在兩個條件：風也不大，然後燈又很明亮，這樣的條件下我們才能看清楚壁畫。舉這個例子是要說明什麼呢？我們可以繼續向下看。4'21"

具足止觀二者才能明見真實性

好！大家請看文：4'24"

如是為觀甚深義故，若具無倒定解真義妙慧，及心於所緣如欲安住而無擾動，乃能明見真實。4'41"

那麼解釋一下這一段。同樣地，要觀見甚深義，如果也具足無顛倒地定解真實性空性內涵的這種智慧的話，以及內心中能夠隨心所欲地安住於所緣，而且──注意──不動搖，具足這兩者的話，才能清晰地看見真實性。這真實性是指什麼呀？空性。如果不具足這兩者，只具足其中一者，會發生什麼事呢？會怎樣？再看文。有找到行吧？5'29"

若僅具有住心不散無分別定，然無通達實性妙慧，是離能見實性之眼，於三摩地任何薰修，然終不能證真實性。若雖有見能悟無我真實性義，然無正定令心專一堅固安住，則無自在為動搖分別風所擾擾，遂終不能明見實義，是故雙須止觀二者。6'15"

那麼這一段就是在解釋。解釋一下的話，第一種狀況是什麼呢？說如果只修止的話，注意！只修止、不修觀，會有什麼問題呢？如果具有了心不散逸到其他的地方、能夠安住於無分別定，但是沒有通達實性的智慧，由於遠離了觀見真實性的眼睛，因此我們就是非常辛苦地、我們再怎麼樣地串習三摩地，就是修定，修多久、費了多少辛苦、修到多高的定，都不能證達真實。這是一種狀況。7'11"

那麼如果只修觀、不修止，又會怎樣呢？即使具有證悟無我真實義的這個正見，但是沒有一心專注，就是說堅固安住的這個定，就會無法自主，被動搖的這個分別的風，注意！被動搖的分別的風怎麼樣啊？所擾亂，擾亂！導致不能清晰地看見真實性的內涵。因此，止觀二者都需要，不是只需要止，也不是只需要觀——只需要止就不要觀，只需要觀就不要止，不是這樣的！而是止觀二者必須要雙修，都要！8'13"

不知道大家有沒有注意到，止觀二者都必須要努力的、需要的終極的那個原因，有想到嗎？是什麼？是想要現證空性嗎？那麼一定要現證空性的原因是什麼呢？唯有現證空性，我們才能徹底地破除生死的根本自性執，而且連同煩惱的種子一併斷除。斷除了煩惱的種子之後，還能不能再生苦芽了？是不可以的，種子已經壞了。那麼徹底地脫離了生老病死的苦海，再也不受死主的這個威脅，因為輪迴三界的種子已經被壞掉了。9'19"

空性是什麼？空性就是解脫老死的、破壞種子的那個唯一的妙藥，這味藥才能治死病。而這味藥怎麼吃？怎麼吃法？必須要止觀雙修。再說一遍，空性的這個藥怎麼樣能夠嚐到？怎麼樣吃？必須要止觀雙修。9'51"

引據《修次中篇》說明必須止觀雙修

好！接下來我們再往下看，看原文。「**如《修次中篇》云**」，有找到行吧？10'02"

如《修次中篇》云：「唯觀離止如風中燭，瑜伽師心於境散亂不能堅住，以是不生明了智光，故當同等習近二者。10'19"

　　那麼這一段就是為我們舉了《修次中篇》中說：遠離了寂止，就是遠離了禪定，單獨的勝觀，會導致什麼狀況呢？會導致瑜伽師的心散亂於外境，就像風中的燭火一般不能堅固，因而無法生起極其明晰的智慧光明，所以應當相等地、相等地習近止觀二者，這是在《修次中篇》裡的一個教誨。10'58"

　　那麼同樣地，沒有寂止，雖然修習勝觀也看不清楚。妙音笑大師所造的《色無色廣論》中就舉了一個譬喻，他這個譬喻也挺容易理解的，他說由於身體搖晃太過劇烈的話，我們的心是看不清楚對境的。這個大家都有體會，如果像身體太劇烈，像那種旋轉式的話，那可能什麼都看不清楚了，只是一道光影而已。如果慢點的話，你想定睛一件事也是很困難的。所以這個說身體不能搖晃太劇烈，就是要說我們是需要寂止的，然後這個時候的勝觀才能更清晰。11'45"

　　如果我們想要徹底地證達甚深空性的話，其實就像在輪迴的暗夜中舉起火炬，或者舉起燈燭、那個燈燭，然後就容易看到壁畫。這個壁畫就好比是空性，沒有燈燭的話，就無法看到壁畫；有了燈燭，但如果不穩定，仍然無法清晰地看見壁畫。這個譬喻中，我再說一遍，在這個譬喻裡邊，無風比喻寂止，燈燭就比喻勝觀，要看的壁畫就是比喻空性。12'30"

修習道次第各個法類都需要止觀的隨順

這跟我們學習也有相同之處，就像我們在學習下士道暇滿的這個時候，首先就要很好地思惟《廣論》裡面提出的這些八因三緣等等，了解其中的義理，並且專注在這樣的內涵上。其實《菩提道次第廣論》的哪一個法類的次第都需要這兩個條件。雖然止觀是不一定要緣著空性的，因為道次第各個都需要；但是對於希求解脫或一切遍智的行者而言，空性是眾多的法類之中最重要的。所以在這個地方特別地以空性為例，說明必須止觀雙修的原因。13'27"

在觀察甚深空性的時候，如果能夠兼備——注意——兩點：第一個「無誤地了知真實義的智慧」，還有「一心專注所緣的這個禪定力」這兩個條件，就能徹底地明見實性。可是假使只有一心不亂，卻沒有通達空性的智慧，那麼即使用再長的時間精勤地修定，最終也沒法證得空性，就是沒辦法解脫老死、沒辦法跳出輪迴。因為禪定的力量不足以使我們超越三界，只有空性才行。那麼另外一種情況，就是雖然他有了一個明了無我的正見，可是缺乏堅固專注的禪定作為輔助的話，也無法徹底地明見實性、明見空性。因此，我們想要徹見空性，就必須止觀雙修呀！14'34"

所以奢摩他和毗缽舍那兩者，其實都是我們要去成辦的功德。想到這點，你們會覺得困難，還是覺得幸運呢？在這個人世間短暫的一生的旅程中，我們能夠學到這樣的教授，真是不只是三生有幸的事情，所以我們要成辦奢摩他和毗缽舍那兩者的功德。如果只有觀察空性的智慧，卻沒有奢摩他為我們驅除昏沉啊、掉舉啊，這樣的話，內心就只能在短暫的時間內思惟空性，沒辦法持續。因為這個心是不聽話的，你讓它持續它會亂跑的，沒辦法持續就無法透徹地看見空性。所以必須像一個沒有被風吹動的燭火一樣，透過奢摩他的力量然後遠離沉掉，才能夠持續地，注意！才能夠持續地思惟空性。只有奢摩他而沒有毗缽舍那，就無法清晰地看見空性，如此便無法遠離生死輪轉。所以奢摩他和毗缽舍那這兩者都是需要修的，而且是必須要修的！ 16'01"

　　關於為什麼必須雙修止觀的理由，其實後面還有很多。時間很快，今天就上到這裡了，不知道大家聽得還清楚嗎？謝謝！ 16'24"

講次0020
由止力無動，由觀故如山

　　大家好！很開心又到了我們一起學習《廣論》的時間了！今天我們繼續學習《菩提道次第廣論》止觀章中的止，學習「止觀必須雙修的因相」。請大家把《廣論》翻開341頁倒數第4行。有找到嗎？請看原文。說：0'47"

引據《大般涅槃經》說明聲聞定力強而慧力劣

　　由此《大般涅槃經》亦云：『聲聞不見如來種性，以定力強故，慧力劣故。菩薩雖見而不明顯，慧力強故，定力劣故。唯有如來遍見一切，止觀等故。』1'11"

《廣論》段落
奢摩他校訂本：P23-L2～P23-L8 由此《大般涅槃經》亦云……應各分別。
福智第三版：P341-L10～P342-L2 《大般涅槃經》云……應知差別。」

關於這段《大般涅槃經》的經文，在《四家合註》中有這樣的解釋，說：在《大般涅槃經》中也說，聲聞沒有詳盡地看見如來種姓，這裡邊的「如來種姓」就是指真如實性。真如實性是什麼？空性。1'35"

為什麼聲聞沒有詳盡地看見如來種姓呢？因為「**定力強故**」，偏重於定的緣故。那麼相對於什麼偏重於定呢？相對於智慧而言，聲聞從無邊不同的正理的角度觀擇實性的這個智慧微劣。巴梭尊者解釋這裡邊的「微劣」，是不存在的意思，也就是說聲聞的心中沒有「從無邊不同的正理的角度來觀擇實性的這樣的智慧」——那聲聞也會觀察抉擇空性，但是不會從無邊的不同的正理的角度去觀察。2'35"

關於這一段，這個「微劣」的「劣」字，「微劣」的「劣」字好像看到表面上的意思是說：是不是也有，但是很少？但是一看《四家合註》裡巴梭尊者的解釋是這樣的。然後我又看一下宗大師所著的這個《入中論善顯密意疏》中，也有這樣一段，說：因此，大乘行者如同《中論》中所說，對於成立一個事物是無諦實的，也會用無邊不同的這樣一個能立的正理來成立，所以對於真實義而言，智慧是極為廣博的；小乘行者用簡略的、簡略的正理，以量成立真實義，他不會像大乘的行者那樣修持，所以對真實義而言，智慧並不廣博。因此，才會提到廣、略修持無我圓不圓滿。之所以會有這樣的差別，是因為聲聞、獨覺只是為了斷除煩惱而精進，那只要證得真實義簡略的意涵就可以了，就只要證得空性簡略的意涵就可以了，就夠了！對不對？那麼大乘行者是為了斷除所知障，所以就必須對真實義——就是對空性增廣智慧，而令智慧，注意！而令智慧極為廣博。4'20"

菩薩慧力強而定力劣

菩薩雖然詳盡地看見真如實性，卻不清晰。為什麼不清晰呢？因為菩薩有的時候他安住於等引中，有的時候安住於後得中。等引是什麼呀？就是入定的狀態。那麼他在入定的狀態中，對於所緣的內涵專注一心，內心完全不受其他任何一點干擾，即使有人在你耳邊敲鼓也不會動搖，其實這就是等引的狀態。4'57"

　　菩薩有的時候入定，有的時候出定，無法同時安住等引與後得，就是無法在入定的時候出定、出定的時候入定，無法做到。他無法做到什麼？無法做到等引與後得沒有交替、沒有交替地恆常地看見實性——就是看見空性，所以他就無法清晰地看見。按照巴梭尊者的解釋的話，這裡邊的清晰看見，不只是現證，而是指「等引、後得沒有交替地、恆常地看見」，注意！等引與後得沒有交替地、沒有交替地、恆常地看見。5'44"

　　那麼「等引、後得沒有交替地、恆常地看見」，唯有佛陀才能做到等引、後得沒有交替地、恆常地看到空性、看到實性。所以菩薩、獨覺、聲聞都是等引、後得要交替出現，交替——有的時候入定、有的時候等引，有的時候出定。安住於等引的時候，就不是安住後得的時候；安住後得的時候，就不是安住於等引的時候，所以他不會同時安住在等引與後得中。6'26"

　　那麼，為什麼菩薩詳盡地看見實性而不清晰呢？因為**「慧力強故，定力劣故」**，對吧？因為偏重於智慧，偏重於什麼樣的智慧呢？就是從無邊不同的正理的角度觀擇的智慧，這個他是與智慧相比，定比較微弱的緣故。所以在這裡巴梭尊者特別補充了一下，說：菩薩從無邊不同的正理的角度觀擇空性，這是過失嗎？這不是過失。但是一切等引最終都必須要出定，就是入定要出定，因此他等引、後得沒有成為同一個體性。菩薩入定之後還要再出定，然後入定再出定，所以無法像佛陀一樣達到等引和後得完全地成為同一體性這樣的一個不可思議的境界。7'37"

唯有佛陀止觀平等具足

　　上面講了聲聞、菩薩看見如來種姓的境界。那麼接下來，佛陀的境界是怎樣的呢？**「唯有如來遍見一切，止觀等故。」**如來觀見一切，因為等引和後得它成為了同一體性，而使止觀平等具足。成佛的時候，等引、後得是成為了同一體性，而且止觀是平等具足的，所以能夠遍見一切。8'19"

由止力無動，由觀故如山

我們再往下看。有找到行嗎？說：8'30"

> **由止力故如無風燭，諸分別風不能動心；由觀力故，永斷一切諸惡見網，不為他破。** 8'47"

那麼解釋一下。透過「寂止」的力量，就像安置於沒有風的地方的燭火一樣，內心不會受到分別的風所動搖。那麼勝觀能斷除一切惡見之網、惡見之網，斷除一切惡見之網，因而不會被他方破壞。「**不為他破**」，就是指什麼？指心不會改變，不會受他人牽引、不會被分離。在妙音笑大師所造的《色無色廣論》中有提到：由於奢摩他令心不動搖，而容易出現明分。在此之上，以毗缽舍那抉擇的力量破壞惡見的耽著境，使三摩地更加地堅固，惡見也不能擾動我們，就像山一樣。9'48"

那麼接下來，再往下看。說：9'52"

《月燈經》云：『由止力無動，由觀故如山。』」
9'58"

巴梭尊者在《四家合註》裡有解釋《月燈經》的這段經文。《月燈經》說：「由於寂止的力量，令內心在所緣上毫無動搖；由於勝觀分別觀擇，所以在後得的時候，也能夠引發決定識，不會被顛倒的心引到其他的地方，所以像山一樣。」10'25"

「決定識」是什麼呢？就是定解一個法的心識，當我們定解一個法之後，對於這個法，就不會被顛倒的心引到其他的地方，就是它不受動搖了，它已經確定好了。比如說我們定解我們的善知識是具有功德的，一旦我們心中生起了這樣的定解，我們就不會被認為「善知識沒有功德」這樣顛倒的心引到其他的地方。如果說在菩提心的部分，修知母、念恩的時候，如果我們定解「無量如母有情對我們的恩德」的時候，我們就不會被「沒有恩德」這個牽引，因為已經得定解了。11'14"

區分止觀各別的功效

我們再往下看，看宗大師在解釋經典。有找到行吧？
11'20"

> 心無散亂，自然安住所緣，是修止迹；由證無我之
> 真實性，斷我見等一切惡見，敵不能動，猶如山
> 嶽，是修觀迹。故於此二應各分別。11'43"

因此，內心能沒有絲毫散亂而安住在所想要緣的這個
所緣上，能夠自然而然地安住，這就是寂止的功效啊！這
裡的「迹」，注意喔！這個足迹的「迹」，這裡的「迹」
就是功效、效用的意思。證達無我真實性而斷除我見等眾
多的惡見，就算敵方的諍論者也無法動搖，像山嶽一般，
這是什麼的功效？這是勝觀的功效。所以這些應當別別地
區分，要區分止的功效還有觀的功效。12'35"

也有善知識解釋說：這個「觀迹」，止迹、觀迹，
是說透過修學毗缽舍那獲得了成績，就是成就。如同經由

足迹，我們可以知道某一個人走過一般，看著他的腳印：
欸，這個人從這裡邊走過！像這邊前幾天下大雪，我們就
會在雪地上看到有一個出家人走過去會有清晰的一個足
迹。所以經由足迹我們可以知道：啊！他走過了。那麼透
過修學毗缽舍那所感得的善果，就像毗缽舍那走過留下的
足迹一般，所以叫作「觀迹」。13'23"

有聽清楚嗎？今天就講到這裡了，會不會有點多？希
望大家安忍地、努力地學下去！謝謝！ 13'44"

講次0021

由止無動，乃能修成勝觀

　　大家好！很開心又到了我們一起學習《廣論》的時間了，大家這一週過得還好嗎？我們要開始學了，準備好了吧？請大家把《廣論》打開，第 342 頁第 3 行，先看原文：0'41"

毗缽舍那心不動搖的那一分是從奢摩他出生的

> 又於未成奢摩他前，雖以觀慧觀無我義，心極動搖如風中燭，無我義總亦不明顯。若成止後而善觀察，則已滅除極動過失，方能明了無我義總。故毗缽舍那心不動分，是從無分別奢摩他生，達實義分非從止生。1'24"

《廣論》段落
奢摩他校訂本：P23-L9～P25-L4 又於未成……佛說無義利。」
福智第三版：P342-L3～P342-L12 又於未成……佛說無義利。」

　　解釋一下這一段的話，說在還沒有修成奢摩他以前，即使以觀察慧觀擇無我的意涵，但是內心會極度地動搖，動搖到什麼程度？就像風中的燭火一樣，因此無我的義共相也是不清晰啊！達無我的義共相也看不清楚。一旦修成了寂止之後，狀況就不一樣了，那個時候再進行觀擇的話，由於已經滅除了極其動搖的這個過失，所以無我的義共相就變得很清晰，這個時候就會顯現得比之前更加清晰。2'15"

　　因此，毗缽舍那心不動搖的那一分是從無分別的奢摩他出生的，但是證得實性的那一分就不是從寂止出生的。證得實性的毗缽舍那之上，再說一遍，證得實性的毗缽舍那之上，有兩個部分：一是心不動搖，第二個證得實性，就是證得空性；心不動搖那一分是從奢摩他，但是證得實性的那一分就不是從奢摩他出生的。有聽清楚吧？3'04"

　　宗大師所造的這個《止觀釋難》中說：「什麼是動搖的過失呢？在自己想要的境上安住其心的這個時候」，就是說你想要在這安住的時候，「心會不由自主地流動到所不想要的境界上。」就是動搖的過失是什麼？假如說我想要安住在這裡面，我想要安住在這裡面，可是我的心一直在周圍流散，不能專注在想要專注的這個所緣上，這就是動搖的過失。3'51"

以燈火與帳幔為喻說明止觀各別的功效

然後接下來，宗大師又舉了一個例子。我們可以往下看，看書。說：4'03"

> 譬如燈能照色之分，是從前炷及火而生，非從遮風帳幔等起，燈火不動堅固之分，則從帳幔等生。
> 4'20"

說就像那個燭火、燭火，照亮周遭的事物的那一分，它是從哪兒出生的？是從，注意！是從燈芯與前一刻的燭火出生的。這怎麼理解呢？就是因為火的本性，就是火的特色，它就是明亮，當然還有溫暖、熱等等，但它是明亮的。因為火的本性是明亮的，就能夠照亮其他的事物，所以前一刻的火出生後一刻的火，因為它是一個續流，前一刻的火出生後一刻的火明亮的這個體性。5'02"

但是，是所有前一刻的火都會出生後一刻的明亮的體性嗎？不是！最後要滅的前一刻的火是無法出生下一刻的火，但此處不是指最後要滅的。所以這裡邊討論說：燭火照亮周遭事物的那一分是從燈芯與前一刻的燭火出生的，但是不是從哪兒出生的？不是從防風的這個燈罩呀、什麼布幔等出生的。但是燭火堅固不動的那一分是從哪兒出生的？是從燈罩出生的。5'44"

好！我們接著再往下看，看原文。有找到行吧？5'52"

依《修次初篇》解釋《正攝法經》的密意

> 若慧具足心無沈掉不平等相奢摩他之等引，以彼觀之，當知真實之義。6'07"

這段是說：如果內心沒有沉掉導致的不平穩，以具足這樣的寂止等引的智慧進行觀察的話，就能夠了知真實。6'22"

往下，再看原文：6'26"

故《正攝法經》密意說云：「由心住定，乃能如實了知真實。」《修次初篇》云：「心動如水，無止為依，不能安住；非等引心，不能如實了知真義。故世尊亦說：『由心住定，乃能如實了知真實。』」6'57"

這一段是說基於這個用意，《正攝法經》中說：「如果內心處於等引的話，也就是安住於定中，就能正確地、如實地了知真實義。」不只是經典中這樣說，《修次初篇》中也有這樣說：由於內心波動像水一樣，如果像水一樣，沒有寂止的這個基礎，它就沒辦法安住。以非等引之心，就是以沒有定的這樣的一個心，是無法正確地、如實地了知真實義的。沒有入定的話，就是無法正確如實地——注意——了知真實義的。那麼，為什麼沒有入定就無法正確地了知真實義呢？是為什麼？有想過嗎？佛陀曾經說：「要以等引才能正確地如實地了知真實義。」8'16"

所以宗大師在《止觀釋難》中也有提到：有人誤解了佛在《正攝法經》中所說的這句話，認為只要修習等引就能證達空性。那麼宗大師這句話的意思、內涵是什麼呢？是以等引的奢摩他令心安住於所緣之後，再以智慧觀察實性的話，就能生起證達空性的智慧。這是要讓我們知道三摩地和智慧兩者，並不是像光明與黑暗一樣完全是反的、是不相順的，它們是極其相順的。9'05"

在《四家合註》裡邊，語王大師也解釋說：依靠著──注意──依靠著心不動搖的寂止，更進一步地以智慧去觀察，才能如實地了知實相的內涵。並不是說勝觀證得實相的那一分是內心等引的功效，也不是僅僅內心安住就能證得實相。有聽清楚吧？9'36"

修止能遮一切觀察修時所緣散亂的過失

我們接著再往下看原文《廣論》，找到行了吧？ 9'44"

> 又若成就奢摩他，非僅能遮正觀無我性慧動搖過失，即修無常、業果、生死過患、慈悲、菩提心等，凡此一切妙觀察慧所觀察修，於所緣境散亂過失，亦皆能遣。各於所緣無散亂故，所修眾善力皆極大；未得止前多是散於其餘所緣，故所修善皆悉微劣。10'30"

那麼這一段是說：如果修成了奢摩他，注意喔！如果修成了奢摩他，不僅如理觀擇無我的智慧能夠遮止動搖的過失。就是說不僅僅是在觀察空性的這個智慧上，我們能夠非常非常厲害地把它這個搖動的過失完全地去除掉了，可以準確清晰地觀察空性。不僅僅是這樣，修習無常、業果、輪迴過患，還有慈心、悲心、菩提心等等，凡是以分別觀察的智慧進行的觀察修，這一切，注意！這一切也都能夠遮止所緣散亂的這個過失，能夠趣入各自的任何所緣，而不會散漫到其他的地方。所以所修的眾善，注意！所修的眾善「**力皆極大**」，就是力氣非常大，無論作任何的善行，力量都極其地強大。還沒獲得寂止以前是什麼樣呢？多半會散到其他所緣，這個心跳來跳去、跳來跳去，所以一切行善的力量都是非常微弱的。11'58"

內心散亂的修行將無法獲得想要的結果

接下來宗大師又引了《入行論》，我們可以往下看。說：12'06"

> 如《入行論》云：「諸人心散亂，住煩惱齒中。」又云：「雖經長時修，念誦苦行等，心散亂所作，佛說無義利。」12'15"

那麼在《四家合註》裡邊，巴梭尊者對這段《入行論》的文是有解釋的。說《入行論》中說：由於沉掉等導致內心散亂的人，他身處於煩惱的牙縫之中，而煩惱的牙縫就像兇惡的猛獸的牙縫一樣，身處在煩惱的牙縫中的人，一定會迅速地被煩惱消滅，所以是非常危險的！12'50"

然後《入行論》又說：即使長時間地，注意！長時間地行持念誦陀羅尼咒，還有人現在比如說長時間地念觀世音菩薩、念阿彌陀佛，甚至還有齋戒等等這些苦行。但是內心散亂到其他的地方來行持的話，明了真實義的佛陀對這種行為的評價是什麼呢？說這有沒有意義呢？說：這是沒有意義的，功德不太大。13'29"

佛陀在哪裡有說呢？佛陀在經典中說：「比丘們，內心散逸於五欲的苦行以及念誦等，將會沒有成果。」佛陀說無法獲得想要的成果！誰想要的成果啊？佛陀想要我們獲得的成果，也是我們內心想要透過念誦啊、苦行啊、齋戒啊這些，我們想要得到的那個結果。如果散亂的話，即使多長時間的修行，其實都沒有意義，因為不會得到我們想要的那個結果。14'12"

這句話很重喔！也很重要！希望我們能夠常常地串習佛陀說的話，然後記住這樣的知見。14'28"

謝謝大家！ 14'30"

講次0022
修止是為了修觀

　　大家好！很高興又到了我們一起學習《廣論》的時間了。這一週大家的修行有進步嗎？有沒有在捨惡取善上有更進一步的修心啊？如果有的話，真的很隨喜大家！今天我們繼續學習《菩提道次第廣論》止觀章的奢摩他品，請大家打開《廣論》書的 342 頁最後一行。看文，有翻到書吧？0'57"

修成寂止是為了讓心隨欲趣向無邊的善所緣

> 如是成就無分別住等持，心於所緣不餘散者，義為令心於善所緣，成就堪能任欲遣使。此復繫心於一所緣即能安住，欲令起時，亦於無邊善所緣境如欲

《廣論》段落
奢摩他校訂本：P25-L5～P26-L5 如是成就無分別住等持……亦定應修觀。
福智第三版：P342-L13～P343-L6 如是成就無分別定……亦定應修觀。

而轉，如濬溝渠引諸流水。1'31"

如果我們來解釋一下這一段，這裡邊的第一句話是：**「如是成就無分別住等持」**，那麼修成等持，等持就是三摩地，什麼樣的三摩地、什麼樣的等持呢？就是在一個所緣上，心不會散到其他的地方，無分別而安住的這樣的一個奢摩他，這樣的一個等持。2'04"

那麼為什麼我們要修成這樣的等持呢？修成這樣的等持，到底是為了達到什麼樣的目的呢？義為令心於善所緣如欲而轉。所以**「義為令心於善所緣，成就堪能任欲遣使」**，是為了修成堪能，什麼樣的堪能呀？就是對於善所緣能夠隨意地驅使我們的內心，想讓我們的心做什麼，然後心就會乖乖地做什麼，是為了達到這個目的，所以才修成等持的。為了讓心能夠聽使喚、聽話，讓它做什麼它就做什麼。3'04"

那麼，這樣的「堪能」又是什麼意思呢？如果將心安置在一個所緣，也就能夠安住在那個所緣上。就是說你把心安置在一個所緣，它就能夠安住在那個所緣上，它有這樣的能力；如果你把心放開，它也能隨心所欲地趣向無邊的善所緣。就是不僅僅是安住一個所緣死死地抓住，你放開的時候，再安住另一個所緣、另一個所緣、另一個所緣，都可以隨心所欲地趣向於無邊的善所緣。3'43"

打一個比喻的話，就像在已經疏通的這樣一個溝渠中，這個溝渠已經挖好了，然後這邊放水的話導入水流，這個水就會沿著這個溝渠非常順利地流淌，通暢、沒有阻力。所以在這個疏通得很好的溝渠中把水導入，水能夠很好地——注意——被引導流向。為什麼要挖一個溝渠呢？就是要引導這個水，讓它朝什麼地方流，它就朝什麼地方流。那麼寂止，安住於一個善所緣，心就不會被不善品奪取，而能趣向於善品，這樣修好的溝渠引導的水流也是一樣的。達到這樣的狀態，讓心安住就安住，讓心趣向於無邊的善所緣，心就會趣向於無邊的善所緣，這就是一種內心堪能的狀態。4'55"

這種內心堪能的狀態，是不是我們修心要達到的目標？也就是我們修止要達到的目的？通俗一點說的話，比如說我們不想讓我們自己生氣——就是緣著那個容易生瞋心的所緣，去生起非理作意——那就可以把心從那個所緣上移開，對不對？你不想憂傷的話，就可以不要憂傷，因為心已經很聽話了，它就會安住在你想要安住的地方。5'29"

修成寂止後，應將護攝無邊善、滅無邊過失的所緣

成就了這樣的止之後，注意！又要做什麼呢？我們再往下看。看原文：5'41"

故成止後，更須將護所緣行相，謂緣如所有及盡所有境智慧、施心、戒心、忍辱、精進、淨信及厭離等，諸能攝無邊善、滅無邊失者，若唯安住一所緣境者，是未了知修止之義，應知不能令於善行起大功效。如是若捨行品、觀品妙觀察慧所觀察修，唯修三摩地心一境性，其利極小。6'30"

解釋一下：因此，修成寂止之後要將護所緣行相。「**將護**」是什麼意思呀？就是守護，守護、維繫這樣的意思。那麼，維繫所緣行相意思就是，注意！說維繫，維繫我和你的善緣、維繫我們的一種和平的關係，其實這就是持續不斷地修持所修的這個所緣行相。如果中斷了，或者暫時地停止所緣行相的話，其實就不是維繫的所緣行相了。對不對？應該是這樣吧！ 7'13"

要將護什麼樣的所緣行相呢？攝集無邊的善法，以及遮止無邊過失的這個所緣行相。我再說一下，是誰要攝集無邊的善的所緣行相？是我們的心，對吧？那麼心為什麼要攝集無邊的善、遮止無邊的過失呢？因為要斷惡修善啊！對不對？要修習這樣的資糧，遮止這樣的過失。 7'45"

那麼如果從它的所緣行相分的話，比如說緣著如所有性與盡所有性的這個智慧，如所有性是什麼呀？就是空性，對吧？盡所有性就是不是空性的法，布施的心、防護的心、忍辱、精進、信心，還有厭離心等等。在修成寂止之後，還要將護攝集無邊善法與遮止無邊過失的所緣行相。如果修成寂止之後，我們只能，注意！我們只能始終將心安置於一個所緣而安住，就是你心只是抓住一個所緣而安住。聽聽宗大師怎麼講？宗大師說：「**是未了知修止之義。**」就是說這是不了解修止的目的。這裡的「義」，就是目的的意思。就修成了止之後，還是把心安住在一個所緣上這樣的行為，宗大師的看法是這樣的。所以我們應當了知只是始終將心安置於一個所緣而安住，這對於行善無法產生很大的功效，智者是不許的。9'14"

那麼捨棄了行品與觀品──行品是什麼呀？就是行持方面，非智慧的修行的部分都是行品；觀品是什麼？就是見解方面，觀品應該是被智慧攝持。捨棄了行品與觀品的分別觀察慧進行的觀察修，只修持一心專注的三摩地，功效也是非常微小的。9'42"

所以，我們很幸運地如果獲得了殊勝的奢摩他，就可以隨心所欲地讓內心安住在善所緣上，想安住多久就安住多久，這是一件多麼令人可喜的事情！雖然具有這樣的能力，但是我們不應該感到滿足，要去成辦緣如所有性與盡

所有性的妙慧、施心、戒心、忍辱、精進、淨信，還有厭
離心等等無邊眾善，如此才能夠滅除無邊的過失。如果只
滿足於已經得到的這個三摩地的話，這是不了解修學奢摩
他的目的，不能夠增長廣大的善行，那麼修奢摩他的利益
就非常小了！我們費了那麼大的苦心修成了奢摩他之後，
怎麼能夠忍心獲得這麼小的利益呢？ 10'45"

為斷煩惱種子，不應僅修持寂止，
也必須修持勝觀

接下來，我們再往下看：10'52"

尤於無我義，若無引生恆常猛利定解方便，謂以觀
慧觀擇將護，如是緣如所有性毘缽舍那，縱久修習
正奢摩他，僅容壓伏現行煩惱，終不能斷煩惱種
子。故非唯修止，亦定應修觀。11'29"

解釋一下，尤其對於無我的這個內涵來說，如果沒有
發起猛利，注意！如果沒有發起猛利而且恆常持續的定解

的方便，這個「**方便**」是什麼呢？就是以分別觀察的這個智慧觀擇、將護，緣著什麼呀？如所有性的毗缽舍那，就是空性吧！如果沒有這樣的毗缽舍那，注意！無論多麼長久地修習奢摩他，能達到什麼樣的狀態呢？評估一下，我們這樣地努力達到什麼樣的狀態？「**僅容壓伏現行煩惱，終不能斷煩惱種子。**」就是只可能壓伏現行的煩惱，不可能連根斷除煩惱的種子。我們的目的是要連根斷除煩惱的種子，切斷輪迴的根本，看起來只修奢摩他是完全達不到這個目的的。所以我們不應該只修寂止，也必須修習勝觀。12'54"

　　宗大師在這裡提到對於無我義要恆常猛利地定解，注意！要恆常猛利地定解無我義。這一點宗大師有在《止觀釋難》中寫到這樣一段話，說：就像手持斧頭砍樹，如果這個手顫抖得太嚴重的話，無論斧頭怎麼樣地砍樹都無法砍斷。同樣地，如果不先成就奢摩他的話，觀察的心沒有結合安住的力量，導致無論如何觀察都生不起摧壞不順品的力量。13'41"

那麼如同有力的手極其堅穩地拿著利斧，如此砍樹很快地就能砍斷；以極其堅固的奢摩他的手執持著我們的心、內心，握著智慧的鋒利的武器，以此修習觀察真實性，就能具足摧壞不順品的力量。也提到關於這一點，說就像次數太少，就是你在砍這棵煩惱的毒樹的時候，你次數太少是砍不斷這棵煩惱的樹的。如果不以智慧多次地觀察，無法成就有能力的勝觀，所以要數數地觀察。14'36"

這裡邊對於猛利地、恆常地定解無我義，宗大師提出了這樣的一段教誨，希望大家能夠放在心上。不要現起我們好像不愛護樹，現起那種義共相，不是的，這是要砍斷內心無明的這個毒樹，它是一個譬喻。14'59"

那麼修奢摩他的時候，只能壓伏煩惱的現行，無法斷除煩惱的種子，這樣絕對是不夠的！所以我們不應該只修習奢摩他，一定、一定、一定要去成辦毗缽舍那！就是修習奢摩他的目的，其實是為了進一步要觀修空性；觀修空性的目的，是要結束所有煩惱的種子、砍斷所有煩惱的種子那個根，也就是輪迴的那個根，也就是生老病死的根。

所以修止是為了斷除生老病死的根本，那麼如何斷除生老病死的根本呢？就是一定要觀修空性，而且要猛利、恆常地定解無我義，進行這樣的修心。15'55"

今天就講到這兒。下週見，謝謝大家！ 16'02"

講次0023
靜慮壓伏煩惱，智慧摧滅隨眠

　　大家好！很開心又到了我們一起學習《廣論》的時間了。今天我們會繼續學習止觀章，請大家打開《廣論》，翻到 343 頁第 6 行。0'36"

寂止僅能暫時壓伏煩惱現行，不能斷除隨眠

　　上次我們探討的問題是，如果只修止的話，只能暫時壓伏煩惱，並不能斷除煩惱的種子，勝觀才能斷除。今天我們將繼續探討這個問題，請大家看原文。0'53"

> 如《修次中篇》云：「諸瑜伽師若唯修止，唯能暫伏煩惱，不能斷障，以未發生智慧光明，則定不能

《廣論》段落
奢摩他校訂本：P26-L5～P26-L10 如《修次中篇》云……非餘能寂滅。」
福智第三版：P343-L6～P343-L9 如《修次中篇》云……非餘能寂滅。」

壞隨眠故。《解深密經》云：『由靜慮故，降伏煩惱；由般若故，善摧隨眠。』1'25"

解釋一下這一段。這個引的這部論是《修次中篇》，《修次中篇》中說：這個瑜伽師如果只修習寂止的話，只能暫時壓伏煩惱，並不能藉此斷除蓋障。沒有生起智慧的光明，便無法善為消滅，注意！消滅什麼呀？「**隨眠**」。意思就是如果只修持止的話，沒有生起智慧的光明，雖然可以降伏煩惱的現行，但是無法斷除煩惱的隨眠種子，做不到！2'15"

「隨眠」又出現了，前邊學過《道次第》的同學，知不知道什麼是隨眠呀？「隨眠」什麼意思呢？隨眠就是躲在後面，躲在後面的意思。舉個例子來說，就像燒了火，這是我以前聽上師講的例子，就像燒了火，慢慢地上面一層變成灰了，它底下是有火，但是從上面看起來就是好像是灰。你看到上面的時候，你看不到下面的火，這個時候你要如果用手去碰那個灰的話，哇！那會燙壞，是看不到的——底下的火。隨眠就是這樣的，實際上這個灰下面是有火的，雖然看不到。表面上看已經像全部都燒成灰了，就是灰一樣，你是看不到底下的火，隨眠就是類似於這樣底下的火一樣。3'20"

那麼降伏煩惱的現行是什麼意思呢？大家可以想像一下，降伏煩惱的現行，對比我們現在每天心境起伏這麼大，一會兒被各種煩惱和各種壞心情所打擊的這種狀態，降伏了現行煩惱是非常舒適的狀態。比如說我們獲得了身輕安、心輕安，而且安住在這樣的狀態中。如果沒有其他的目標的話，這種狀態的人應該是非常快樂的一個人。對不對？對比於沒有修成定之前，簡直是活在天堂裡，沒什麼現行煩惱的呀！所以從根本上，我們的生活質量有極大的提高，因為沒有什麼壞心情了，非常非常快樂的！ 4'18"

所以如果在最初修定的時候，沒有安立殊勝的動機，請問人處在這種狀態中會不會不想離開呀？可能滯留在這種狀態之中停滯不前，非常有可能吧！所以在修定之前，一定要把為什麼修定、修到這種狀態的定之後該用它來做什麼，這個問題要聞思清楚。要聽佛怎麼說、祖師怎麼說，一定要依著清淨的、有清淨傳承這樣的教授來修習止。4'57"

在修止前的聞思，就是能夠聽到清淨傳承的解釋佛陀的這個密意——佛陀的意思到底是什麼，我們才能夠以正確的發心、正確的目的來修習止，得定了之後知道該幹什麼，這都是要仰賴於在修定之前的聞思啊！對吧？5'27"

外道雖然修持寂止，但無法藉此摧毀我執

那麼在這段《修次中篇》之後，蓮花戒論師也有了一個依據。就是在《解深密經》中說：靜慮壓伏煩惱，智慧善於摧滅隨眠，蓮花戒論師除了引用《解深密經》以外，也引了其他經典。5'51"

《三摩地王經》亦云：『雖善修正定，不能破我想，後為煩惱亂，如勝行修定。6'04"

在《四家合註》裡，巴梭尊者對這段經文有這樣一個

解釋，《三摩地王經》也有這樣說：外道等雖然他修持寂止的這個定，但是他只修定是無法破除這個我想的。這裡的「**我想**」就是指我執。外道雖然也會修定，但是無法透過修定而破除我執的。因為無法斷除我執，所以即使透過定力讓現行煩惱，注意！讓現行煩惱暫不生起、暫時不生起，但是是永遠都不會生起嗎？不是的，是暫時。暫時的意思就是之後煩惱仍會再度地生起，再度強烈地擾亂我們的心。就像誰呢？就像外道勝行在此修定一樣。7'06"

這裡邊就出現一個人物了！說如果我們只修定的話，就會像那個人一樣。那個人是誰呢？他是一個外道，他是一個非常努力修定的外道，這個外道叫勝行，也可以翻譯成增上行，這個外道是印度的。那麼增上行這個外道是在佛世的時候，他看到佛陀非常非常了不起的功德，他就想跟佛陀競爭，然後就去努力地修定。他想要變得比佛陀還要厲害，他要超過佛陀，所以他就努力地修、努力地修，結果還真修成了三摩地，獲得了身輕安、心輕安，甚至八種靜慮啊、等至都獲得了，當然他也獲得了神通吧！8'09"

　　然後當他出定的時候，由於多年長時間的入定，使他的頭髮不知道長多長，總之長得很長、很長。老鼠幹什麼呢？吃掉了他的頭髮。想像一下，應該是吃東西，應該吃得亂亂的吧！然後他出定之後一看，哇！居然生起了瞋心。入定這麼久，得了這麼高的定，老鼠吃掉了頭髮這件事，其實頭髮剪了就可以了，他居然生起了瞋心。為什麼對老鼠吃掉他頭髮的這樣一個境會生起這樣的瞋心呢？為什麼會這樣？沒有斷除煩惱種子、隨眠！雖然他這個煩惱並沒有起現行，但是煩惱在不在？在的。就像我們舉那個例子：灰下面是有火的，煩惱還在。而現在被那個老鼠咬頭髮這個境一勾，這個煩惱就不是灰下面的火，它直接著起來了——起現行了。如果只修定的話，就如同是這個例子一樣，他雖然暫時地伏住了這個煩惱，但是他沒有斷除煩惱，還終究會變為現行。他沒有獲得涅槃、沒有斷除瞋心。9'55"

　　在永津智幢大師的口傳中，也有講這個故事，這個故事在口傳中是流傳得比較廣泛的，很有名的一個故事。這個增上行的外道，他想要跟佛陀較量，於是他留了很長的頭髮，然後屏住呼吸，在十二年間修定，因此獲得了色界與無色界的八種靜慮等至、色界的四種靜慮，還有無色界的四種等至，注意喔，都得到了！然後結果還是那樣，他出定之後，他發現自己的頭髮被老鼠咬成一段、一段的，就幹什麼去了？作成鼠窩了，所以他起了猛利的瞋心。由於生起強烈的瞋心，當下——注意——立刻退失了色界與無色界的八種靜慮等至，而且這裡邊還有講說他死後還要墮落地獄。10'54"

經典中舉了增上行外道的這個公案，是要告訴我們：即使我們那麼認真地修行，修定修了十二年，而且他色界與無色界的禪定都獲得了，在我們看來這已經是很難想像的一種用功的狀態和達到的境界了，但是這是一個悲劇。因為他單純只靠修定，無法破除生死的根本我執，所以到之後遇到違緣的時候，那個違緣其實滿小的，老鼠咬了他的頭髮而已，但是還是會生起煩惱。不僅退失了過去辛辛苦苦修出來的禪定，連惡道的那個因在自己的相續裡都沒有對治掉，死後還會墮入惡趣，所以這真是一個悲劇！如果不好好地跟著佛陀、祖師學習正確地修習奢摩他，還有斷除煩惱的種子，就害怕走上這樣的路。這是在經典裡告訴我們這樣是不可以的。12'14"

唯有修成證得無我的勝觀，才能斷除煩惱的根本

那麼我們接著往下看，看原文。說：12'22"

> 若觀法無我，觀已善修習，是證涅槃因，非餘能寂滅。』12'32"

說獲得了寂止以後，如果對於法分別觀察無我，分別觀察之後要做什麼？要去修習，這就是證得涅槃果位的因啊！修成了證得無我的毗缽舍那，才能獲得解脫、斷除煩惱的種子。脫離生死的時候，我們就能得到了寂靜涅槃的果位，其他任何的因都無法獲得寂靜涅槃的果位，唯有什麼呀？唯有現證空性的智慧，才能斷除煩惱的根本。除此以外，還有其他的辦法嗎？除此以外，沒有其他的辦法了！13'30"

　　所以在這一段，佛菩薩殷殷地教誨我們一定要修習空性！當我們費盡千辛萬苦得到了禪定之後，一定要以這樣的定力進而去修習勝觀。因為修習了空性之後，才能夠斷除煩惱的種子，讓它遇到什麼境都再也不發苦芽，不會再去輪迴，這是所有的修行者孜孜以求的目標。所以聽到了這樣一個佛菩薩的殷切的叮嚀，希望諸位能把它放在心上。14'15"

　　今天就講到這裡。謝謝大家！ 14'21"

講次0024
依師多聞正修止觀

大家好！很高興又到了我們一起學習《廣論》的時間了。這一週你們有沒有反覆地聽聞《道次第》的止觀章或者全廣啊？如果有，那真要隨喜大家！如果沒有，就是要再努力一下。0'35"

若未廣聞，唯修禪定無法脫離輪迴

今天我們要繼續往下學。請大家翻開《廣論》，有記住多少頁吧？343頁倒數第5行。之前我們學了《修次中篇》，引了《解深密經》，還有《三摩地王經》，今天我們再往下學。請大家看原文：0'59"

《廣論》段落

奢摩他校訂本：P26-L10～P27-L5 《菩薩藏經》亦云……而修妙慧。
福智第三版：P343-L9～P343-L12 《菩薩藏經》亦云……而修妙慧。」

《菩薩藏經》亦云：『若未聞此菩薩藏法門，亦未聽聞聖法毘奈耶，唯三摩地而得喜足，為我慢轉墮增上慢，不能解脫生、老、病、死、愁、嘆、苦、憂及諸衰惱，不能解脫六道輪迴，亦復不能解脫苦蘊。如來於此密意說云：「從他聽聞隨順，解脫老死。」』1'40"

　　《菩薩藏經》也說：凡是沒有聽聞菩薩藏的大乘法門，沒有聽過聖法毗奈耶——請問「**聖法毘奈耶**」是什麼呀？巴梭尊者在《四家合註》裡解釋為三藏。律藏是含攝在三藏中，是三藏的根本，所以這裡沒有直接地提到三藏，而是直接提到毗奈耶，以此代表三藏。說沒有聽聞過菩薩藏的大乘法門，沒有聽聞聖法毗奈耶，認為，注意！認為只要三摩地就夠了。如果懷著這樣的念頭的話，由於我慢而墮入增上慢，不能從生、老、病、死、愁、嘆——悲愁、哀嘆、痛苦、憂惱，還有心意擾亂中解脫，不能從六道輪迴中解脫，也不能從苦蘊中解脫。2'56"

　　基於這樣的用意，如來開示說：「**從他聽聞隨順，**

解脫老死。」這句話是什麼意思呢？巴梭尊者解釋說這個「他」是指善知識，要從他聽聞，就是從善知識聽聞。那麼聽聞什麼呢？注意！「聽聞隨順」，隨順什麼呀？聽聞隨順解脫的教授；聽聞了之後，才能從老死中解脫。所以我們想要從老死中解脫的話，一定要親近善知識，聽聞三藏中隨順解脫的教授，不能認為只要修定就夠了。4'01"

那麼我們可以思考一下：《菩薩藏經》的這段文要告訴我們什麼呢？這是不是在講一個廣聞的問題呢？如果沒有廣聞的話——就是沒有學習菩薩藏、沒有學習菩薩的三藏的法，有一些人他就只學了一些奢摩他，只接觸了一點點，然後就覺得，注意！就覺得足夠了，認為這可能就會從此智慧如海，然後生起了傲慢的心，這樣是無法脫離六道輪迴的。4'57"

我們可以觀察一下自己，我也聽很多人講過，認為禪定包羅萬象，只要一打坐然後智慧就會自然就開了。好像沒有親近善知識聽聞，沒有把聽聞教典這件事看得有多麼重要。但是我們也沒有清晰地檢查到自己有生起傲慢的心，因為我們會認為「只要心修定就可以了」這樣的心是傲慢的心嗎？我們認為只要修定好像就可以智慧如海，甚至就可以解脫老死了，其實這真是滿麻煩的一個見解！5'40"

生起了傲慢的心之後，無法脫離六道輪迴，那就跟最初我們想要學三摩地的初衷是相違背的。那麼正確的作法應該怎麼做呢？「**如來於此密意說云**」，就說要從親近善知識，聽聞三藏、善巧三藏，我們才能夠知道如何修持止觀，乃至了解很多法，然後來修鍊，正確地修鍊止、觀，我們才能脫離輪迴的大海。6'23"

親近善知識聽聞隨順解脫的妙法，才能解脫老死

我們可以思考一下《菩薩藏經》告訴我們的這個道理。也可以再想：「**未聞此菩薩藏法門**」，沒有聽聞聖法毗奈耶，就會得喜足嗎？6'40"

因為如果修定的話，大家都知道，非常容易為我們的

身心帶來很穩定的、很平靜的這樣的一個喜悅。這樣一個喜悅的狀態，有的時候會令人裹足不前，而且有的時候會令人迷戀其中，會認為這可能是一個很大的修行成就──就心靜如水呀！心靜如水的話，是不是也沒有悲心了呢？對於毗缽舍那、對於空性也沒有什麼希求和探索的心了呢？對親近善知識也沒有什麼欲樂，就只願意天天修定的話，如果沒有善知識指導，就只對此有興趣，**「而得喜足」**後，**「為我慢轉墮增上慢」**。這裡邊的「為我慢轉」就是沒辦法對治我慢，他隨著我慢轉，因為不認識、不知道我慢是什麼，也不知道自己生起了我慢，所以就只能隨著我慢轉。而且會繼續加深，「墮」，墮入──更深了──「增上慢」。7'54"

可能是隨著打坐的經驗的加深，隨著修定的不同的體會，會不會覺得自己在證悟的經驗越來越了得？這個時候如果沒有一個明白的老師指導，自己也沒有去聽聞教典的話，同行中也沒有人根據教典跟自己探討一下，可能會誤判自己修定所產生的種種境界就是真實的證德，甚至會把這個修禪定誤以為是證空性了。以前都講過。所以這裡邊說：由我慢轉墮增上慢，不能解脫生、老、病、死、愁、嘆、苦、憂，還有衰惱，後面，「**不能解脫六道輪迴，亦復不能解脫苦蘊**」。8'46"

我們有一些新的同學沒有聽過前面的《道次第》，或者開始聽，就會知道：喔！如果不聽聞菩薩藏法，沒有聽聞聖法毗奈耶，會有這樣的問題，那麼該怎麼辦呢？佛陀就告訴我們說：應該親近善知識，聽聞這些法藏，才能夠解脫老死。這是一個辦法。那麼已經有這樣一個問題的，也是要從這兒改進開始。總之，如果我們想要解脫生、老、病、死、愁、憂、慨嘆這些問題，解脫六道輪迴的話，一定要親近善知識，聽聞隨順解脫的妙法才行，這是佛陀對我們的諄諄的教誨。9'38"

修三摩地的目的是要獲得一切智智

我們再往下看原文。《修次中篇》中引了《解深密經》、《三摩地王經》、《菩薩藏經》，說明一定要修毗缽舍那才能從輪迴中解脫出來，才能斷除煩惱的種子，徹底地解脫生、老、病、死。那麼接著往下看原文：10'05"

> **故欲斷諸障發淨智者，應依奢摩他而修妙慧。** 10'14"

因此，由於希望斷除一切蓋障而發起清淨智，所以應當安住於奢摩他而修持智慧。這裡邊的清淨智慧，就是指一切智智；斷除一切蓋障——斷除煩惱障與所知障，就能獲得一切智智。我再問一遍：一切智智，為什麼我們現在不能夠獲得一切智智呢？因為有兩個障障蔽住，阻擋著我們。就是什麼？煩惱障和所知障，斷除了煩惱障和所知障就能夠獲得一切智智。10'52"

那麼我們如果想要獲得清淨智慧、想要獲得一切智智的話，怎麼辦呢？「**應依奢摩他而修妙慧。**」所以應當安住於奢摩他，在奢摩他的基礎之上，我們要修持智慧。注意！我再說：不是「唯三摩地而生喜足」，不是只修三摩地，而是要在奢摩他的基礎上，我們有向上更深的欲求、更迫切的願望。這個願望是什麼呢？就是要修持智慧，要得到清淨的智慧，甚至要得到一切智智。因為這個原因，我們才要修三摩地，不是只要三摩地。11'44"

　　所以這一段文字，經典上這一段文字也告訴我們說：修三摩地的目的，它的初衷是要獲得清淨的智慧，不是僅僅要擺脫現世的煩惱。雖然修三摩地，足以讓我們擺脫現世的很多困擾，但它的偉大的作用遠不止於此。所以藉借著這一段經文，我們可以看到，哇！修三摩地原來好像一扇大門一樣，在我們眼前開敞這個成佛之路。一路都要在三摩地的基礎上，希求清淨的智慧，這是一個修行者能對自他的生命給予的一個最深刻的回饋，也可以說最深刻的一個撫慰。如果以這樣殊勝的一個目標來修三摩地的話，那三摩地能為我們的生命帶來太多、太多的喜悅了！所以從樂趣勝樂，何樂而不為呢？12'58"

講次0025
總攝須雙修之因相

　　大家好！很高興又到了我們一起學習《廣論》的時間了，請大家把書翻到《廣論》343頁倒數第2行。請看，有找到行吧？《寶積經》。我要等你們一下嗎？你們有找到吧？0'41"

引據《寶積經》說明透過清淨智慧而使戒律圓滿

> 《寶積經》亦云：『住戒能得定，得定能修慧，由慧得淨智，智淨戒圓滿。』0'52"

　　《大寶積經》中也有開示說：安住於戒律而獲得定，獲得定之後能夠修持智慧，透過智慧能獲得清淨的智慧，

《廣論》段落

奢摩他校訂本：P27-L5～P27-L8　《寶積經》亦云……能生大乘。』」
福智第三版：P343-L12～P344-L1　《寶積經》云……能生大乘。」

由於清淨的智慧而使戒律更加地清淨，乃至圓滿。透過世間的智慧能獲得出世間的智慧，透過出世間的智慧，我們得到遠離煩惱種子的清淨的戒律，所以宗大師說：「**智淨戒圓滿**」。1'32"

這裡邊提到一個——注意——「清淨智」，有沒有注意到？有個智慧，還有個清淨智。那麼什麼是清淨智啊？清淨智可以指分辨諸法的智慧，其中最為殊勝的是什麼呀？就是現證空性的甚深智慧。那麼「智淨戒圓滿」，是說由於清淨智而使戒律圓滿。按照這一段文來看，問大家一個問題：戒律為什麼會圓滿呢？之所以圓滿是由於什麼呢？它的因居然是清淨智！這是什麼意思呢？在《俱舍論》中曾說過，說：「**見三得法戒。**」就是現見苦諦、集諦，還有什麼？滅諦的時候，就獲得了無漏的戒。什麼是見諦呀？就是現見四諦、現證四諦。當我們獲得了見道的時候，我們就能夠現證四諦，超凡入聖——從一個凡夫轉變成為一個聖者了。3'02"

那麼見道的時候，請問我們的心續裡的戒律會變成什麼樣呢？就是戒律圓滿。關於戒律圓滿，有許多不同的解釋，但這裡邊講的主要是什麼呀？就是「聖所愛戒」，聖者所愛的戒。玄奘大師是這麼翻的。「聖所愛戒」是獲得了見道的時候才能獲得的，聽起來很美吧！到見道的時候，戒律就變成了「聖所愛戒」，聖者都會歡喜、歡喜我們。那麼戒律圓滿就是指這個了，指「聖所愛戒」。要想得到「聖所愛戒」的話，剛才講需要什麼了？需要清淨智，所以才說：「智淨戒圓滿」。有沒有了解到？4'04"

如果我們不知道「智淨戒圓滿」該怎麼解釋，為什麼會能夠達到戒圓滿？智慧在戒圓滿中，扮演了一個什麼樣的位置？我們就會認為三學的根本就是戒學呀！但是戒圓滿的因怎麼會是智慧呢？就好好持戒就可以啦！由戒生定、由定生慧，怎麼會戒學圓滿的因變成了智慧呢？我們無法了解為什麼是「智淨戒圓滿」，對不對？今天聽了之後，我們就會知道為什麼經典要這麼說。所以這裡邊的戒圓滿是指什麼戒呀？是指「聖所愛戒」。有聽清楚嗎？5'07"

引據《修信大乘經》說明不安住智慧無法圓滿大乘道

那麼接下來我們再往下看，看到《修信大乘經》，有找到行吧？5'15"

> **《修信大乘經》亦云：『善男子，若諸菩薩不住於慧，我不說彼能信大乘，能生大乘。』」** 5'27"

所以在《修信大乘經》中也說：善男子，如果不安住於智慧的話，我不會說這個菩薩能夠信解大乘、從大乘所出生。信解大乘前面有講過，是什麼呀？意樂圓滿。大乘所生就是加行圓滿。如果沒有安住智慧的話，是無法獲得意樂圓滿與加行圓滿的。5'57"

複習「須雙修之因相」的要點

提一個問題：我們上面所講的是在哪一個科判？有誰記得嗎？你們答對了嗎？是第四個科判「**須雙修之因**

相」，對吧？在須雙修這個因相的科判裡，宗大師主要強調不能只修止或者只修觀，必須要怎樣？要修持止觀二者。具足止觀二者的話，我們才能夠清晰地看到無我的內涵。6'37"

在提到清晰地看到無我這個內涵的時候，大家有沒有回憶一個畫面？是黑夜對吧？黑夜，然後我們去看什麼呀？看壁畫。看壁畫的時候，黑夜中看壁畫，那手中一定要有燈燭，所以我們要點亮燈燭。如果燈不夠亮，或者外面風太大的話，我們是無法看清楚的。同樣地，我們必須具備止觀二者，然後才能夠清晰地、清晰地看到無我的內涵。因為無我的內涵就像那幅最壯麗的壁畫，看到那幅壁畫我們就贏了，就是人生的贏家！7'33"

在這裡邊有一個需要辨別清楚的地方，就是通達空性的毗缽舍那，要具足不散動和通達實性兩個部分。請問不散動的部分是從哪裡出生的呀？對！就是從無分別的奢摩他出生的。那麼通達實性的、通達空性的那一部分，是從哪兒出生的呢？這個也是從奢摩他出生的嗎？當然不是！8'10"

　　成就了奢摩他之後，不僅僅在觀察無我的時候能夠遮止動搖的過失，在修無常、業果、生死過患、慈心、悲心、菩提心等等，也能夠遮止散亂的過失，能夠趣入各自的——注意——任何所緣，都不會散到其他的地方，無論做任何善行，力量都極其地強大。8'37"

　　在還沒有獲得奢摩他之前，我們的心力是不能發揮到很大的一個效用，因為就像一個特別寶貴的資源，都隨著散亂心浪費掉了。所以那時候雖然修很多善行，但是因為隨著散亂心而修的善行，力量評估一下，力量非常地微劣。所以這個不散動的心，對於能夠集中火力、集中我們內心的力量，然後徹底地轟炸我們那個自性執，它是有著決定性的一個勝利的作用。9'27"

　　也有善知識說如果具有堅固的禪定，再加上菩提心和空正見的這個攝持，我們就能夠更加快速地成辦生起次第和圓滿次第，所以禪定對於生起次第和圓滿次第也有極大的幫助。9'46"

所以現在我們總結了這一段，我們會發現：喔！原來我的心透過修習禪定之後，就變成一個火力非常強的、非常大的一個力量。我們用這樣的力量去衝擊老病死的這個根源的話，是絕對火力夠猛的，是可以衝破它！剛才我說到通達實性的那個是從什麼地方來的？不是從止，對吧？你們有答案吧？是從聞思空性得來的。10'19"

修成寂止後，一定要修勝觀

那麼我們再思考下一個問題。修成奢摩他之後，是不是就只要從始至終地把心安置在一個所緣上就夠了呢？是不是就已足夠呢？如果我們認為這樣就足夠的話，宗大師說這種見解是什麼呀？是不了解修止的目的的。因為修止的目的不是讓我們的心修成了止之後，還放在這一個所緣上。11'01"

修成了奢摩他之後，注意！還要將護攝集無邊的善法，還要遮止無邊的過失的所緣行相。這裡邊清晰地提到了無邊的善行和無邊的過失，從無量劫來我們生命的相續，無始劫來到未來的、沒有盡頭的這個相續。所以用這麼強烈的內心的力量，如果能夠攝集無邊的善行的話，那我們修行的速度會變得非常快。如果修成了這個禪定的話，還是老老實實地把這麼大的火力集中在一個善所緣上，宗大師說那你根本不知道為什麼要修奢摩他。奢摩他就是要把所有的那個善行都用這種強的力量把它攝集回來，讓我們擁有強大的心力。11'58"

如果沒有證得空性的毗缽舍那，無論我們花再久的時間一心專注，注意！這麼強的火力也只能壓伏煩惱的現行，無法連根斷除煩惱的種子，無法出離三界，無法出離輪迴，無法脫離死主的牙齒縫。並不能對我們的生命的痛楚產生根本性的截斷——就苦楚都沒有了，因為死亡並沒有消滅。所以解脫生老病死的願望，如果不去觀修空性的話，只修止是沒辦法成辦的。12'45"

談到這裡的話，再次地回到我們最初為什麼要修行？為什麼要修行？為什麼要修止？因為就是為了要解決苦、解決輪迴，一定要擺脫這個苦蘊的束縛。那麼擺脫這個苦蘊的束縛，只有禪定力絕對是不可以的，一定要有空性的力量。因為禪定、就算再高的禪定，也只能壓伏煩惱的現行。壓伏煩惱的現行，一旦遇到強烈的所緣境，我們這個煩惱的根沒有斷，它還是再能夠發作出非常痛苦的這個作用。所以煩惱這件事要想它徹底消除，必須把它連根斬斷，而那把利器就一定是空性！ 13'43"

所以我們修奢摩他只是一個手法，就是你修了奢摩他之後，才能使這個空性更加有力，就像我們說的燈火要穩定，不要被那個風所吹散，對吧？然後我們才能夠看到無自性的那個，我們生生世世都想要看到的那個無自性的圖畫。14'10"

所以在「理須雙修」，就是一定要雙修止觀的這一個篇章中，宗大師舉了超多的經論，希望說服我們的心能夠信受佛語、信受祖師的語錄。然後沿著傳承祖師的這個清淨的傳承成辦我們的心願——就是令自己能夠解脫生老病死，也能令一切的如母有情都能夠解脫生老病死，這美好的願望一定要靠修止、又修觀，才能夠成辦的！ 14'53"

　　所以我們要想解脫老死，絕對不能夠只修止，或者修止之後就停在那兒了，一定要修觀！必須要修持證得無我的這個毗缽舍那，我們才能夠徹底地脫離老死，獲得寂靜涅槃的果位。15'17"

廣論止觀初探

次第決定之理

講次0026
先修寂止，後修勝觀

　　大家好！很高興又到了我們一起學習《廣論》的時間了。前一節課我們學完了必須雙修止觀的原因。那除此之外，還有什麼要注意的呢？修持止觀需要順序嗎？那修持止觀的順序和獲得止觀的順序是一樣的嗎？所以我們現在就要繼續往下學了，學「**次第決定之理**」。請大家翻開《廣論》344頁第2行，請大家和我一起看原文：1'03"

修持止觀的次第：先修成寂止後，依靠寂止而修持勝觀

第五、**次第決定之理者：如《入行論》云：「當知具止觀，能摧諸煩惱，故應先求止。」謂先修止，次**

《廣論》段落
奢摩他校訂本：P27-L9～P28-L9 第五、次第決定之理者……理相等故。
福智第三版：P344-L2～P344-L8 第五次第決定……理相等故。

依止故，乃修妙觀。 1'27"

在巴梭尊者與語王尊者的《四家合註》裡邊，有解釋這段文，說《入行論》說：「要透過一心專注地修習善所緣。」注意！這裡邊出現了「善所緣」，「善所緣」這個詞，就顯示了內外道在奢摩他的修法上的差別，我們必須是緣著善所緣來修習奢摩他的。透過一心專注地修習善所緣，遠離沉掉，引發身心輕安的這種快樂，具足這樣的寂止；進而證得空性的勝觀，這樣的勝觀能夠消滅三界的煩惱，還有煩惱的種子。我們了知了之後，應當修持證得空性的勝觀。首先應該尋求勝觀的所依，勝觀的所依是什麼呢？也就是寂止。那麼為什麼要先尋求寂止呢？因為沒有寂止，就無法生起勝觀。所以《入行論》說：「**當知具止觀，能摧諸煩惱，故應先求止。**」2'56"

在宗大師引完了《入行論》之後說：要先修成寂止，之後要依靠寂止而修持勝觀。那我們應該要了解具有寂止的勝觀才能摧伏煩惱，如果在勝觀之前沒有先生起寂止，自然就沒有辦法生起勝觀。即使生起了隨順的勝觀，但隨順的勝觀有沒有辦法斷除煩惱呢？沒有辦法斷除煩惱。所以唯有生起勝觀才能摧伏煩惱，生起勝觀之前，就必須要先生起寂止。3'47"

他宗：如果止觀可以同時生起，為何須先求寂止，後修勝觀？

接著宗大師舉了一個他宗的想法，這個他宗的想法是什麼呢？我們可以看文。有找到吧？「**若作是念**」，有找到嗎？「**若作是念**」。4'02"

> **若作是念：「《修次初篇》云：『此之所緣無定。』此說止緣無有決定。前文亦說，止所緣中俱有有法、法性。故先了解無我深義，緣彼而修，則心無散亂之止及緣空性之觀即可俱起，何必先求奢摩他已，次乃修觀耶？」**4'40"

講了上面一段之後，有人聽了心裡想，或者沒聽他也在想。《修次初篇》中有這樣一段文，說什麼呢？說

「**此之所緣**」，這個「**此**」就是指奢摩他，就是說止的所緣是沒有固定的，而且如同前面所說的，止的所緣包含了什麼呀？有法和法性兩種。那麼「**有法**」是指什麼呀？差別事，對吧？差別事又是什麼呢？差別事就是具有特點的事物。那什麼東西具有特點呢？凡是存在的、所有存在的事物都具有特點，所以就是指包含了所有存在的事物，也即是所有的法。那麼「**法性**」呢？法性就是指有法之上的空性。所有的差別事上都具有法性嗎？對！都具有。所有存在的事物上都具有的空性。5'51"

那麼如果舉個例子來說的話，比如說補特伽羅是有法，那麼補特伽羅之上的空性就是什麼？法性；那麼五蘊是有法，五蘊之上的空性就是法性。所以止的所緣包含了有法和法性二者，包含了所有的存在和存在在事物上的空性。從這樣的角度來說，止可以緣著存在的事物而修，也可以緣著空性而修——就是存在那個事物上的空性而修。所以也可以理解為止的所緣包含了世俗諦和勝義諦。6'44"

因此，首先了解無我的內涵，緣著無我修持，注意！

藉此即可同時生起「內心不散逸到其他地方的寂止」以及「緣著空性的勝觀」。也就是發生什麼事了？同時生起止觀。注意！同時生起止觀。那麼注意！問題來了：如果是止觀可以同時生起的話，如果是這樣的話，那既然止觀可以同時生起，為什麼還要先尋求寂止，之後才修持勝觀呢？這是他宗提出的疑問。你們心中也會有嗎？7'43"

自宗：引生證得無我正見的理解，以及對正見引生轉變心意的覺受，不一定要先生起寂止

接著我們可以往下看宗大師是怎麼回答的，請看原文：7'50"

答：此說止為勝觀前行之理者，非說引生證無我正見之領解，須先修止，雖無止者，亦能生正見故。又此正見內生轉心覺受，亦不須以止為先，以無止者，僅以觀慧數數思擇串習，亦能轉心，無所違故；以若相違，則修無常、生死過患、菩提心等，引生轉心覺受，皆須依止，太為過失，理相等故。8'43"

那麼我們看看這一段，宗大師回答說：寂止作為勝觀的前行的道理，不是指、不是指引生證無我的這個正見的理解需要以寂止作為前行。那麼為什麼引生證得無我正見的理解，不一定要先生起寂止呢？因為即使沒有寂止，也能生起證得無我的正見。這句話是什麼意思呢？就是證得無我的正見，實際上不需要先修止這個功夫；對證得無我的正見生起轉變心意的覺受，也不需要以寂止作為前行。為什麼不需要以寂止作為前行呢？因為即使沒有寂止，透過分別觀察的智慧反覆地觀擇和串習，而使心意產生轉變，這也沒有相違。9'41"

為什麼沒有相違呢？宗大師接著說：「如果會相違」，哪兩者相違？誰與誰相違呢？「沒有寂止」，以及「透過分別觀察的智慧反覆觀擇串習而使心意產生轉變」這兩者，如果是相違的話，那麼連修習無常啊、生死過患、菩提心而產生轉變心意的這個覺受，那是不是都要觀待寂止呢？如果是這樣的話，就太過不合理，記得吧？這裡邊說：「**太為過失**」，就是太過不合理，因為原因完全相等的緣故。10'40"

也就是說如果透過觀察慧反覆地觀擇串習空性，進而使心意產生轉變，一定要先獲得寂止的話，那麼應該不僅僅是思惟空性是這樣的，那對其他的法類也是相同的吧？比如說對於無常呀、生死過患啊，還有菩提心啊，我們都需要修到讓那個心意轉變，那麼要產生轉變心意的覺受，應該也必須要觀待獲得寂止，就是要先修止才行。11'27"

但是實際上是不需要的！所以按照道次第來說，先學道前基礎，然後共下、共中士道、上士道，所以修習無常、生死過患，甚至是菩提心，只要不斷地串習，就能生起轉變心意的覺受。這樣的覺受，不一定要獲得奢摩他，才能夠達到內心轉變、生起這樣的覺受。12'04"

有沒有聽清楚？這是宗大師回答那個他宗的內心的疑問。12'16"

今天就先上到這裡，下週見。謝謝大家！ 12'24"

講次0027
勝觀必須以寂止為因

大家好！又到了我們一起學習《廣論》的時間了，這週你們過得還好吧？ 0'22"

理解空性的三種層次

上節課我們學到「**次第決定之理**」，宗大師說寂止作為勝觀的前行，不是指先獲得寂止才能引生對空性的理解，也不是指對空正見產生轉變心意的感受，必須要先獲得寂止。為什麼呢？因為透過分別觀察的智慧反覆地觀擇呀、串習呀，是能夠令我們的心意產生轉變的。那麼不僅僅對空性是如此，對於無常啊、生死過患還有菩提心等等，透過分別觀察的智慧反覆地觀擇串習，也能令我們的

《廣論》段落

奢摩他校訂本：P28-L10～P29-L4 若爾，觀須寂止……下當廣說。

福智第三版：P344-L9～P344-L12 若爾，觀前修止……下當廣說。

內心產生轉變。1'17"

　　那麼舉個例子，比如說我們對空性的理解大概可能有幾個層次，大概分三個層次。一般來說我們要穿越疑惑，疑惑分成：合理疑惑、等分疑惑，還有非理疑惑三種。比如懷疑空性存不存在，覺得：「應該是不存在。」像這樣的疑惑就是非理疑惑。為什麼呢？因為它超越了事實，它已經跨向非理的地步；那麼懷疑空性存不存在，沒有傾向性的疑惑，它只是懷疑，還在探索中，它是等於等分的，它是一個等分的疑惑；那麼懷疑還有一個，就是懷疑空性存不存在，在思考的時候覺得：「嗯！應該是存在的，存在的吧？」這樣的疑惑就是合理疑惑，因為他還沒有得到決斷。2'25"

　　當我們的心超越了非理疑惑這個階段，內心對於空性有一定的理解，這時候的理解就是第一種層次的理解，因為他已經處理完了他的非理疑惑了，超越了。像有人覺得空性應該存在，但是他對於空性能否解決生死存疑，他的疑惑偏向於空性應該無法解決生死。這樣的疑惑，對於空性存在而言，是合理的疑惑，但是對空性能解決生死而言，它就是非理疑惑。那麼現在是第一個層次的理解。第二種就是對空性有正確的理解，但還沒有證得空性，即使比量證得空性他也是還有沒達到的。那麼第三種是比量證得了空性，內心確定不疑、確信不疑。3'23"

辨析：引生證得無我正見的理解，不一定要先修止

關於引生證得無我正見的理解，可以從剛剛講的幾個不同的層次，我們試著去學習和理解一下。但是無論從哪一個層次來理解，其實都不需要先獲得寂止。3'43"

透過思惟教理斬斷疑惑，然後比量證得了空性，內心生起了空正見之後，繼續地，注意！繼續不斷地串習，然後想辦法讓我們的內心有所轉變，而生起一種強烈的覺受、強烈的感受。要生起這樣的感受，其實也不需要先有止作為基礎、作為前行，也是不需要的，因為透過串習思擇就可以生起了。4'17"

他宗認為：對無我正見的理解有轉變心意的體驗就是證得了空性。實際上是轉變心意的體驗還沒有證得。但是轉變了內心，會認為「這就是空性」，實際上這時候還沒有證得空性。他宗因此就產生了誤解，認為對空正見產生轉變內心的體驗或者覺受的時候，就是證得空性。而宗大師認為生起無我正見的理解之前，不一定要先修止。4'54"

那麼一般來說，對於證得空性見沒有生起轉變內心的體驗，就不會注意到空性的內涵。透過學習無我空性的法類，我們就會去想：「無我空性應該是那樣的」，內心就會有所轉變，「我要長劫地串習、去觀察」。雖然這樣還沒有證得空性，但是對於空性已經有了些許的或一部分的理解了。這就是前面所說的——有些人認為僅僅依靠轉變心意的覺受，就能生起毗缽舍那。5'34"

如果沒有像宗大師這樣地依據經論，很清晰地解釋修行的內涵，實際上很容易產生錯誤的觀點，比如認為可以先獲得毗缽舍那，然後再獲得奢摩他等等。他宗看起來也不是完全沒有經典依據，而是什麼？他無法正確地解釋經典的內涵，然後才會對修行的次第產生種種的誤解。經論當中也有說到生起了空正見之後再修奢摩他，但是這不是指先生起毗缽舍那再獲得奢摩他的意思。6'21"

勝觀需要寂止的原因

如果證得空性不一定要先獲得寂止的話，那麼獲得勝觀需要寂止這是什麼意思啊？請大家把《廣論》翻到 344 頁的倒數第 5 行，看原文。有找到嗎？6'39"

若爾，觀須寂止，道理為何？ 6'45"

說勝觀需要寂止的道理是什麼呢？再說一遍，勝觀需要寂止的道理是什麼呢？宗大師就接著回答了。再看文，有找到行吧？7'01"

於此《解深密經》說：「若以觀慧而修思擇、最極思擇，乃至未起身心輕安，爾時但是毗缽舍那隨順作意，生輕安已乃名妙觀。」故若未得止，縱以觀

> 慧任作何許觀修，終不能發身心輕安所有喜樂。若
> 得止已，後以觀慧思擇而修，輕安乃生，故觀須止
> 為因，下當廣說。7'52"

　　我們來解釋一下這一段經文，就是《解深密經》。對
此，《解深密經》說：以分別觀察的智慧修習思擇與最極
思擇。解釋一下，「**思擇**」，就是對有法進行思擇。那
麼「**最極思擇**」，就是指對法性作思擇。「法性」是什
麼？前面解釋了吧？那麼說：「**若以觀慧而修思擇、最
極思擇**」，這是一種思擇越來越細、越來越細的一個過
程。以分別觀察的智慧修持思擇與最極思擇，還沒有生起
身輕安與心輕安以前，都是隨順毗缽舍那的作意，產生輕
安的時候才是勝觀。因此如果沒有獲得寂止，如果沒有獲
得寂止，無論分別觀察的智慧再再怎麼觀修、觀察修，最
終都是無法發起身心輕安的喜樂。9'11"

　　注意喔！觀察毗缽舍那，這裡邊出現了「身心輕安的
喜樂」，大家要注意這幾個字。這裡邊「**身心輕安所有
喜樂**」，這裡邊的「所有」就是「的」的意思，不是指

「一切」的意思;「身心輕安所有喜樂」,就是「身心輕安所具有的喜樂」、「身心輕安的喜樂」。獲得寂止之後,再以分別觀察的智慧進行什麼呀?觀察修,最後便能夠生起輕安。所以勝觀必須以寂止為因,這在後面還會講。9'56"

　　在修毗缽舍那之前,為什麼要先修學奢摩他呢?就是我們在緣取對境的時候,不只是安住在境上,最主要還是要透過觀察的力量引發身心輕安,這個時候才能獲得毗缽舍那;透過止住的力量引發了身心輕安,不一定獲得毗缽舍那。所以身心輕安有幾種啊?有兩種。一種是透過什麼力量引發的?一種是透過止住的力量引發的。那另一種呢?另一種是透過觀察的力量引發的。那麼如果沒有先透過止住的力量引發了身心輕安,注意!沒有先透過止住的力量先引發了身心的輕安,就不可能再透過觀察的力量引發身心輕安。因此在毗缽舍那之前,就必須要有奢摩他。因為透過觀察的力量引發身心輕安,一定要在毗缽舍那之前必須要修奢摩他。也就是奢摩他的喜樂要在之前,最後觀察的力量,才能生起透過觀察的力量而產生的身心輕安，也就是毗缽舍那。11'32"

有沒有聽清楚了？這個問題有了這樣的一個辨析。因為透過學經典我們就是把問題、心中的疑問、疑惑分析得細一點，然後讓我們的內心觀察、對教典的觀察要清晰、準確，要有依據。11'58"

希望大家對這樣的一個思考觀察的過程要有耐心，一下子轉不過彎來別著急，這樣多聽幾遍，熟悉了之後就覺得：「嗯！應該是這樣的。」12'12"

好！今天我們就講到這兒，下週見，謝謝大家！12'18"

講次0028
修成寂止與勝觀的不同方法

　　大家好！很高興又到了我們一起學習《廣論》的時間了，今天我們要繼續學習止觀「**次第決定之理**」。請大家翻開《廣論》344頁倒數第2行，跟我一起看原文，有找到吧？ 0'40"

安住空性之上不進行思擇，是修寂止，非修勝觀

> 是故觀慧不住一境，即以思擇之力，若能引發輕安之時，乃是成辦毘缽舍那。雖緣空性為境，若但由其住一所緣，引生輕安，仍未能出修止之法，僅此不立即得毘缽舍那。 1'12"

《廣論》段落

奢摩他校訂本：P29-L5～P30-L1 是故觀慧……勝觀次第。

福智第三版：P344-L12～P345-L3 故若非僅由……決定次第。

　　這一段說如果分別觀察的智慧不安住於一個所緣，能透過思擇的力量引發輕安，那個時候就成為毗缽舍那。因此，即使是緣著空性這個境，然而由於內心安住於一個所緣而引生輕安，這樣仍然沒有超出修持寂止的方法。所以單憑如此的話，能不能安立為獲得毗缽舍那呢？是不能安立為獲得毗缽舍那的。即使是、即使是緣著空性，但是沒有去思擇空性，只是安住在所緣境上，這只是寂止，不是勝觀。所以就算獲得了輕安，這樣的輕安也不是依靠勝觀而獲得的，是寂止的修法，所以說：「**仍未能出修止之法**」。這樣的修法只是寂止的修法而已啊！ 2'32"

　　所以單純這樣，能不能安立為獲得毗缽舍那呢？是不能夠安立獲得毗缽舍那的。這樣的修法所獲得的輕安是什麼的輕安啊？是寂止的輕安，不是勝觀的輕安，所以不能安立為獲得毗缽舍那。在寂止的基礎上，再以思擇力去思擇而獲得輕安，才能安立為勝觀；只是安住在空性之上，不去進行思擇，這是修寂止的方法，不是修勝觀的方法。 3'22"

　　所以，如果我們注意他宗的觀點的話，我們可以想一下：為什麼他宗會有那樣的想法呢？因為他宗會認為對空性轉變心意的覺受就是勝觀，所以才會懷疑可以先成就勝觀，之後再成就寂止。還有一點是什麼？認為緣著空性就是勝觀。從這樣的角度來說，就會成立在寂止之前，可以先獲得勝觀。如果認為緣著空性就是毗缽舍那，之後再緣著同一個所緣修奢摩他，這樣就可以說是先成就勝觀，然後再成就寂止。但是去分析的話，就算是緣著空性，注意！就算是緣著空性，沒有進行思擇，只是安住，請問大家這是毗缽舍那嗎？這不是毗缽舍那。是什麼呀？是寂止的修法。關於他宗之所以生起疑惑的點，大概可以分出這兩種，對不對？4'46"

　　那麼以空性作為所緣境，令心安住在空性之上，透過緣著空性的止住力而引發身心輕安的三摩地，這個是什麼呀？就是緣著空性的奢摩他。注意！是緣著空性的奢摩他。緣著空性之後，透過緣著空性的觀察力而引發身心輕安的智慧，這個是緣著空性的毗缽舍那。有沒有聽清楚啊？5'22"

　　不是透過緣著空性的止住力而引發的身心輕安，而是透過其他所緣而引發身心輕安，這也不是緣著空性的奢摩他。如果沒有先生起緣著空性的奢摩他，我們就無法生起緣著空性的毗缽舍那，對不對？ 5'49"

以空性為所緣修成寂止後，仍須尋求勝觀

　　為什麼緣著空性、內心安住一個所緣而引生輕安，還不能安立為獲得毗缽舍那呢？我們可以往下再看原文：6'06"

> 以初未得寂止，先求了解無我之義，次緣此義數數思擇，由此思擇終不得止。若不思擇安住而修，由此為依雖可得止，然除修止之法，而無修觀之法，更須求觀。故仍未出先求止已，依此而修勝觀次第。6'50"

　　來解釋一下這一段。因為首先尋求對無我的，注意！對無我的理解。尋求對無我的理解要聽聞，對吧？要思

考。接著對無我的內涵就開始數數思擇，由於前面還沒有修成寂止，所以不可能藉由著這樣數數地思擇而修成寂止吧？如果是不作思擇而進行止住修的話，雖然能透過這樣的修法修成寂止，但是並沒有修成寂止方法之外的修持勝觀的方法呀！所以之後還是需要尋求勝觀，對吧？因此仍然沒有超出要先尋求寂止，然後再依靠寂止修持勝觀的次第，對不對？這樣的意思是什麼？就是無論、無論怎麼想，都不會超出先尋求寂止然後再尋求勝觀的次第。這樣的次第是不是「次第決定」啊？8'17"

得到緣著空性的奢摩他後，要把空正見轉化為現證空性的智慧

緣著空性的奢摩他和緣著空性的毗缽舍那，到底是怎麼產生的？要先了解空性，了解空性之後，心安住在空性的內涵上，生起緣著空性的奢摩他；在奢摩他的基礎上，反覆去思惟，思惟什麼呀？空性的內涵、無我的真義，去成辦緣著空性的毗缽舍那。如果已經獲得了緣著空性的奢摩他，而不進一步地去修緣著空性的毗缽舍那，就沒有辦

法把空正見轉為現證空性的智慧。因為他只是用止力，用止力、用定力安住於空性，沒有進一步地去尋覓把空正見轉為現證空性的智慧，那就太可惜了！ 9'41"

這是要我們做什麼？就是得到了緣著空性的奢摩他之後，要更進一步地去修習勝觀，然後要想辦法把空正見轉化為現證空性的智慧。有沒有聽清楚？ 10'02"

謝謝！ 10'06"

講次0029
依照清淨經論決擇止觀的次第

　　大家好！很高興又到了我們一起學習《廣論》的時間了。今天我們要繼續學習止觀「**次第決定之理**」，請大家翻開《廣論》345頁，請看原文第3行。有沒有找到行呀？看原文：0'37"

不依次第先求寂止而修習勝觀，完全不合理

> 若不以別別觀察之觀修引發輕安，作為發觀之理，則先求止，次乃依之修觀，全無正理。0'52"

　　發起勝觀的方法，如果不是指透過分別觀察的觀察修引發輕安，那麼要先尋求寂止，再依靠著寂止而修習勝

《廣論》段落

奢摩他校訂本：P30-L2～P31-L1 若不以別別觀察……可憑信處。
福智第三版：P345-L3～P345-L8 若不以思擇……可憑信處。

觀，宗大師說：「**全無正理**」，這點完全沒有正確理由來證成的。意思是什麼呢？在寂止的基礎上，更進一步透過分別觀察的觀察修引發輕安，才能獲得勝觀，所以才要先尋求寂止，然後更進一步修持勝觀。我們再往下看，看原文：1'42"

> 若不如是次第而修，亦極非理，以如前引《解深密經》，說要依獲得奢摩他乃修毘缽舍那。又「依前而生後」，說六度中靜慮與般若之次第，及依增上定學而生增上慧學之次第，皆先修止而後修觀次第。2'15"

解釋一下，就是說如果不依照這樣的次第修持，也極度不合理。為什麼呢？因為就如同前面引過的經典《解深密經》中提到，說要依靠獲得奢摩他進而修習毘缽舍那。不只是《解深密經》這麼說，《經莊嚴論》中開示六度的次第的時候也說過：「依靠前者而生後者。」在六度當中依靠前者而生後者，所以是依靠靜慮而生起般若，這是靜慮與般若的次第；依靠增上定學而生起增上慧學，這些次第都是先修寂止，之後再修持勝觀的次第。我們再往下看，看原文：3'27"

祖師皆宣說：先尋求寂止後再修持勝觀

> 又如前引《菩薩地》文，《聲聞地》亦說，當依奢摩他而修毘缽舍那。《中觀心論》及《入行論》、《修次》三篇、智稱論師、寂靜論師等，皆說先求奢摩他已，後修勝觀。3'50"

如同前面引過的什麼呀？《菩薩地》；然後在《聲聞地》中也有提到，說要依靠奢摩他，進而修持毘缽舍那；清辨論師所著的《中觀心論》，還有寂天菩薩所著的《入行論》、蓮花戒論師所著的什麼？《修次》三篇，還有智稱論師、寂靜論師，這些祖師都宣說，宣說什麼？要先尋求奢摩他，之後再修持勝觀。4'33"

清辨論師、寂天論師，還有寂靜論師，大家都熟悉了，對吧？可能比較熟悉了。但是大家熟不熟悉智稱論師

啊？智稱論師也被稱之為彌帝論師，大約是公元 11 世紀
時期的祖師，他是一位印度的大班智達。注意！他是那洛
巴大師的弟子。智稱論師在智光王的時期，應譯師的迎
請，他也來到了西藏。可是非常地不幸，迎請他的譯師在
半途中竟然不幸往生了，然後那個時候把智稱論師就放在
那兒。沒辦法！智稱論師那時候還不會藏語啊，所以就只
好在某一戶牧羊人的家裡邊去做他們的牧羊人了。5'48"

　　然後他在那戶人家的門楣上寫了一個偈子，後來這個
偈子就被他的一位譯師弟子看到了。那位譯師以前在印度
的時候曾經依止過智稱論師，他是智稱論師的弟子。這位
譯師看到了門上的這個筆跡之後，哇！就認出來這是自己
的上師親筆所寫的，所以就立刻問那戶人家說：「這是誰
寫的？」回答說：「是那個年長的僕人寫的。」然後譯師
又問：「他人現在在哪裡呀？」回答他說：「去牧羊
了！」於是譯師就給那戶人家黃金，贖回了智稱論師，也
就是自己的上師。並且將智稱論師迎請到了曼隆，請上師
說法、傳法，利益廣大的眾生。看看這位從印度來到西藏
的祖師的遭遇！7'17"

智稱論師後來他自己學會了藏語，也曾經教導過種敦巴尊者梵文，他是種敦巴尊者的梵文老師，他自己也翻譯了許多密教的典籍。後來傳說阿底峽尊者聽到了智稱論師曾經被當作牧羊人，給一個牧羊人家當僕人的這個遭遇，就對藏人說：「你們藏人福薄呀，在我們東西印度都找不到比這位論師更加超勝的另一位班智達啊！」阿底峽尊者說完之後就雙手合十，感嘆而落淚啊！這就是智稱論師留下的一段佳話。8'17"

有些印度論師說分別觀察即能引生勝觀，這種觀點不可憑信

然後接著我們要繼續往下看，有找到行吧？「**故印度少數論師**」，有找到吧？8'28"

故印度少數論師，有說無須別求正奢摩他，最初即以觀慧思擇，亦能引生毘缽舍那者，違諸大車所造論典，非諸智者可憑信處。8'50"

　　那麼解釋一下，就是有一些印度論師他主張什麼呀？主張不需要另外尋求奢摩他，他從一開始透過分別觀察的智慧思擇，就能引生毗缽舍那。這種觀點喔！這種觀點違背了大車論師所造的論典，所以是不可以作為具慧者的憑信處的——有智慧的人不能信這個，所以是不值得信任的。能不能照著這樣的見解去修行呢？是絕對不行的！9'32"

　　那麼大車論師的觀點是什麼呢？就是必須要先尋求奢摩他，在奢摩他的基礎上，透過觀察的力量引生輕安，獲得毗缽舍那，這才是正確的修行次第。9'51"

　　經過前面的一段辨析、討論，我們現在應該可以了解到傳承的修行次第是什麼，就是正確的修行次第是什麼；知道了這樣的正確的次第之後，我們一定要依循著這樣的次第去修行。10'17"

　　所以看一看我們今天了解了這各種觀點，然後聽了祖師的故事，我們會知道把這樣清淨的傳承傳持下來到你我的眼前、到你我的耳畔，這些祖師是花了這麼多的心血，是非常不容易的！所以這個清淨的傳承教授能夠值遇，值遇了之後能夠信受，能夠按著這個次第去修行，是一件多麼有福報的事情。所以大家好好珍惜自己的善根，努力地學下去。10'59"

謝謝大家！11'01"

講次0030
集論所說依觀修止之義

　　大家好！很高興又到了我們一起學習《廣論》的時間了，今天我們要繼續學習止觀「**次第決定之理**」。0'32"

依宗喀巴大師的思擇，完整地理解經論的內涵

　　仁波切在講到這個部分的時候，曾經說過——我現在記一個大略的——說：一般說來，只看片面幾句經文，就認為經典的意思是這樣的或者是那樣的話，很容易造成錯誤的理解。必須把經文前文和後文加以對照，然後看看經典是怎麼說的，並且觀察其他經典所說的內容，要融會貫通。這樣的話，才能對經論的內涵有比較完整的認識。1'21"

《廣論》段落

奢摩他校訂本：P31-L2～P31-L6　又此止觀次第……第一靜慮以上之止。

福智第三版：P345-L9～P345-L12　又此止觀次第……第一靜慮以上之止。

　　宗喀巴大師就是這樣做的，引用了許多經文的關鍵也在這裡。如果我們不知道、不懂得這麼做的話，就會像《廣論》裡邊舉的，說西藏過去的某些先賢，認為在獲得寂止前可以先修起勝觀，產生這類的錯誤的想法。而且他們也不是沒有學，有學經論，有經論的依據，但是無論是哪一部經論，如果無法完整地學習它的內義的話，只了解了其中片面的、部分的內容，其實就會產生各式各樣的理解。如果這種各式各樣的理解，都認為自己是對某一個經論很正確的理解的話，那是很危險的！因此宗喀巴大師在引用了很多經典，並且經過完整、圓滿的這個思擇之後，為我們抉擇出了最究竟的意涵，所以這是何等的幸事！2'37"

在獲得止觀之後，止觀二者沒有固定次第

　　那麼我們現在就繼續學，請大家翻開《廣論》345 頁倒數第 5 行，請看原文。有找到行嗎？有找到吧！2'54"

又此止觀次第，是就最初新生之時應如是修，後亦

> **可先修毘缽舍那，次修奢摩他，故無決定次第。**
> 3'10"

那麼這一段就是說：前面提到的寂止與勝觀的次第，它有個條件，就是必須先獲得寂止，才能獲得勝觀，這樣的次第，是在最初新生起的時候才是如此的。可是獲得了止觀之後，也可以先修毗缽舍那，再修奢摩他，所以次第是不決定的。最初新生起止觀的時候，止觀的先後次第是不是決定的？是的。但是獲得了止觀之後，止觀的先後次第是不是也是決定的呢？獲得了止觀之後，止觀的先後次第是不決定的。4'03"

為何《集論》中說：有人獲得勝觀，卻仍未獲得寂止？

那麼接下來就會有一個問題了，什麼問題呢？請大家繼續看原文：4'14"

> **若爾，何故《集論》說「有先得勝觀而未得止，彼**

應依觀而勤修止」耶？ 4'26"

　　有人問說：那麼《集論》中說，注意！《集論》中說：「有些是獲得了勝觀，還沒有獲得寂止，這是依靠勝觀而勤修寂止」，這段話是什麼意思呢？就像我們前面學到的，許多經論都是說必須要先獲得寂止，然後才能更進一步地獲得勝觀，這樣的次第在最初生起止觀的時候是決定的。等一下！這樣的次第，在最初生起止觀的時候是決定的！那麼為什麼《集論》裡邊說會有人獲得了勝觀，卻還沒有獲得寂止呢？ 5'17"

宗大師回答：此非指未獲第一靜慮近分定所攝之止，而是指未獲第一靜慮根本定以上之止

　　接著我們可以看宗大師是怎麼回答的，看原文：5'25"

　　答：此非說未得第一靜慮近分定所攝之止，是說未得第一靜慮根本定以上之止。此復是說現證四諦已，次依此觀，而修第一靜慮以上之止。 5'45"

　　那麼我們看一下宗大師是怎麼回答。宗大師回答說：《集論》裡說有人獲得了勝觀，卻還沒有獲得寂止，並不是指獲得了勝觀，卻還沒有獲得第一靜慮近分定所含攝的寂止，而是指還沒有獲得第一靜慮根本定以上的寂止。6'15"

　　這裡邊出現了「**第一靜慮近分定所攝**」，還有「**第一靜慮根本定以上**」這兩個詞。一般而言，獲得第一靜慮根本定，也就是獲得了什麼？初禪根本定的時候，它超離了欲界。獲得了無色界的定的時候，就超離了色界。色界與無色界每一重天的高低優劣，也是從所獲得的禪定的優劣來加以區分的。6'51"

　　我們可以了解一下第一靜慮、第一靜慮近分定，那先了解第一靜慮。第一靜慮也可以稱為初禪，色界有四種靜慮：第一靜慮、第二靜慮、第三靜慮、第四靜慮。那麼第一靜慮，注意！第一靜慮可以分為「近分定」與「根本定」，近分定是根本定的加行，第一靜慮根本定的加行的三摩地，就是第一靜慮的近分定。7'36"

　　修行人在最初獲得了奢摩他的時候，注意！修行人在最初獲得了奢摩他的時候，就獲得了第一靜慮近分定，這是一個得到奢摩他的界限。有沒有聽清楚？沒有獲得奢摩他，沒有獲得殊勝輕安，就無法獲得第一靜慮近分定。雖然獲得了第一靜慮近分定，但是還沒有獲得什麼呀？第一靜慮的根本定。那麼依靠第一靜慮的近分定，透過修行、努力，然後才能更進一步地獲得了第一靜慮的根本定，也就是什麼呀？初禪根本定。所以第一靜慮的近分定是第一靜慮的根本定的什麼呀？加行，也可以說是初禪根本定的加行。8'49"

　　那我問一下，什麼是初禪根本定的加行啊？什麼是第一靜慮根本定的加行啊？是什麼？能答上來吧！是近分定，對不對？9'05"

　　那麼，什麼是第一靜慮的根本定呢？首先，總體來說，靜慮根本定包含了第一靜慮根本定、第二靜慮根本定，還有第三靜慮根本定、第四靜慮根本定。然後在《四家合註》裡邊，巴梭尊者有解釋說：有的修行者依靠，注意！有的修行者依靠第一靜慮近分定現證四諦。我再說一遍，有的修行者依靠第一靜慮近分定現證了四諦，修成了現證無我的勝觀，這個時候成為聖者了。9'49"

成為聖者之後，更進一步修持第一靜慮以上的根本定所含攝的寂止。這樣的修行人先獲得了第一靜慮近分定所攝的寂止，之後獲得了第一靜慮近分定所攝的勝觀。這個時候雖然已經獲得了什麼呀？止觀二者，但是有沒有獲得第一靜慮根本定所攝的寂止？還沒有！還沒有獲得第一靜慮的根本定所攝的寂止。那麼依靠第一靜慮近分定所攝的勝觀，更進一步獲得第一靜慮的根本定所攝的寂止。10'32"

講到這個地方，有沒有真相大白的感覺，對不對？喔！原來《集論》裡邊才說有人獲得勝觀，而沒有獲得寂止，並不是說獲得了勝觀，卻沒有獲得任何的寂止，而是說獲得了近分定的勝觀，但是還沒有獲得根本定的寂止。11'01"

不知道大家有沒有聽清楚？這個問題，就以《集論》

這樣提出來一個問題，再次地去抉擇，然後新生起止觀的次第，以及獲得了止觀之後的次第決定，有沒有什麼差別呢？剛開始聽，聽到第一靜慮近分定，還有第一靜慮根本定，慢慢、慢慢我們就會對這樣的一個名詞熟悉了，我們這個名詞的翻譯，都是依照玄奘大師翻譯的宗規來翻譯的。11'38"

有聽清楚嗎？那麼今天就上到這裡了，謝謝大家！11'47"

講次0031
總攝止觀次第決定之理

大家好！很高興又到了我們一起學習《廣論》的時間了，這一週你們過得還好嗎？ 0'24"

引據《本地分》解釋《集論》的內涵

今天我們要繼續學習止觀「**次第決定之理**」，請大家翻開《廣論》345頁倒數第2行。宗大師引用了《本地分》，我們可以看原文：0'41"

> 《本地分》云：「又已如實善知從苦至道，然未能得初靜慮等，彼便宴坐，無間住心，更不擇法，是依增上慧而修增上心。」1'11"

《廣論》段落
奢摩他校訂本：P31-L7～P31-L10 《本地分》云……乃可安立。
福智第三版：P345-L12～P346-L1 《本地分》云……乃可安立。

在《四家合註》裡，巴梭尊者解釋這段《本地分》的文，說：是依靠第一靜慮近分定修成了如實地、完整地了知苦諦乃至道諦的勝觀，然而還沒有獲得第一靜慮的根本定所含攝的寂止。這樣的修行人，在向內收攝自心而安坐的當下，內心安住於所緣，而不以最極簡擇諸法的智慧觀擇。之後修成靜慮根本定所含攝的寂止時，這個修行人依靠先前修成的近分定所含攝的「**增上慧**」，也就是近分定所含攝的什麼呀？勝觀，然後修持根本定所含攝的「**增上心**」，我再說一遍，修持根本定所含攝的增上心，也就是根本定所含攝的寂止。2'30"

因此，宗大師是依據著《本地分》來解釋《集論》的，不是說先獲得了勝觀再獲得寂止，這是不可能的，一定要先獲得寂止才獲得勝觀。但是《集論》裡說有人先獲得勝觀再獲得寂止，這裡邊是指先獲得了近分定所攝的勝觀，再獲得根本定所攝的寂止。有沒有聽清楚？它是有一個區分點。那麼我們再繼續看原文：3'13"

真實止觀，須從生起輕安後才能安立

又為便於立言說故，於九住心通說為止，思擇等四通說名觀。然真實止觀如下所說，要生輕安乃可安立。 3'37"

一般而言，為了使敘述簡便，雖然會將「**九住心**」稱為寂止，再把「**思擇等四**」稱為勝觀。由於九住心能令心寂靜，或者令心專注，所以稱之為寂止；思擇等四，對於如所有性或者盡所有性作粗細的簡擇，所以稱之為勝觀。這麼描述的理由，是因為說明這些是修止及修觀的方法，這裡邊是取止觀的名稱，但不是真正的止觀。真實的止觀，就如同下文所說的，是必須從生起「**輕安**」之後才能安立。注意！真實的止觀，是必須從生起輕安之後才能安立。透過止住修的力量引生殊勝輕安的時候，就是獲得了寂止；那麼更進一步，透過抉擇的力量引生殊勝輕安的時候，也就是獲得了勝觀。5'09"

複習「次第決定之理」

到現在為止，我們就學完了「次第決定」這個科判。5'18"

止觀次第決定，是什麼樣的次第決定呢？我們可以稍微複習一下。5'26"

我再問大家這個問題：「止觀次第決定」是什麼樣的次第決定？5'32"

必須先獲得寂止，在寂止的基礎上才能進一步獲得勝觀。他宗認為，注意！他宗認為，還記不記得他宗認為什麼？他宗認為可以緣著空性，同時獲得止觀。然後宗大師說：寂止作為勝觀的前行的道理，不是指引生證得無我正見的理解需要以寂止力作為前行，因為即使沒有寂止，也能生起證得無我的正見。6'05"

對於證得無我的正見——注意！到下一個層次——對

於證得無我的正見生起轉變心意的覺受，需要寂止作前行嗎？也不需要寂止作前行。因為即使沒有寂止，透過分別觀察的智慧反覆去觀擇、去串習，這樣反覆地去觀察、去串習，能不能令我們的心意產生轉變呢？完全是可以的！所以正見也是可以的——我是說不先修寂止，透過反覆地串習這個見解，產生內心覺受上的改變或者昇華，也是不需要先修寂止的。7'00"

因此，必須先獲得寂止，以止住的力量引生輕安；在這個基礎上，更進一步透過思擇的力量引生輕安，才能獲得勝觀，這就是必須先獲得寂止才能獲得勝觀的原因。注意！這裡邊出現了「輕安」，即使是緣著空性這個境，即使是緣著空性這個境，然而由於內心安住於一個所緣引生輕安，這樣仍然沒有超出修持寂止的方法，對不對？因為單憑如此，不能安立獲得毗缽舍那。在很多經論之中，都開示必須先獲得寂止，之後才能獲得勝觀。7'56"

必須先獲得寂止，才能獲得勝觀，這樣的次第也就是在最初新生起的時候，才是如此的。但是在已經獲得了止觀之後，也可以先修毗缽舍那，然後再修奢摩他，所以獲得了止觀之後，次第是不決定的。但是最初新生起止觀，止觀的先後次第絕對是決定的。但是獲得止觀之後，止觀的先後次第不是決定的。大家有沒有聽清楚？8'44"

結勸

以上我們就學完了止觀「次第決定之理」這個科判了，你們有沒有很開心啊？對於我們自己來說，能聽到這個這麼清淨修行止觀的傳承教授，開心吧？要生歡喜心啊！還有這麼多的同學一起聽聞，我們有一個止觀的大課堂，也要隨喜自他的善根。9'18"

說暇滿人身難得、宗大師教法難遇，在《廣論·奢摩他》的這一章，我們就能夠學到如此精彩的經論的教授，大家一定會覺得很欣喜吧？有一些傳承的教授也令人很驚奇呀！所以止觀的教授我們一起學習，是非常非常難得的殊勝的因緣。9'45"

　　現在有一些法師，因為我們在學習奢摩他的緣故，他們把奢摩他開始背，有的已經背完了。所以真的要感恩佛菩薩、感恩善知識！我也非常非常地感恩如此認真學習的你們，你們給了我一個很大的力量和勇氣，我們可以一起來學習。10'10"

　　在此，祈願正法久住，善士久住，所有同學道業增長，實證三主要道！ 10'20"

廣論止觀初探

各講次與廣論段落對照表

講次	章節	標題	音檔長度	奢摩他校訂本 頁/行	福智第三版 頁/行
0001		止觀要旨總說	22'29"	無	
0002	止觀總說	止觀修持次第概要	13'46"	無	
0003		發起精進已，意當住禪定	16'36"	無	
0004		別學後二波羅蜜多	13'50"	P12-L2～P12-L4 敬禮勝尊具大悲者足……之所攝故。	P336-L2～P336-L4 敬禮勝尊具大悲者足……之所攝故。
0005	修習止觀之勝利	三乘功德皆止觀之果	12'46"	P12-L5～P13-L7 此中分六……無相違過。	P336-L5～P336-L12 此中分六……無相違過。
0006		無散亂心正思法義	09'15"	P13-L7～P14-L2 又於此義……一分而成。	P336-L12～P337-L4 又於此義……一分而成。
0007		解脫繫縛應修止觀	12'38"	P14-L3～P14-L5 又《解深密經》云……潤彼智氣。	P337-L4～P337-L5 如《解深密經》云……潤彼智氣。
0008	顯示此二攝一切定	止觀能攝一切定	13'50"	P14-L5～P15-L4 前者為觀所斷……恆應修學。	P337-L6～P337-L11 《般若波羅蜜多教授論》說……恆應修學。
0009		一切時中應學止觀	17'32"	P15-L4～P15-L7 如《修次下篇》云……修學止觀。」	P337-L11～P337-L13 如《修次下篇》云……應修止觀。」

講次	章節	標題	音檔長度	奢摩他校訂本頁/行	福智第三版 頁/行
0010	止觀自性	奢摩他的體性（一）	10'08"	P15-L8～P16-L1 第三中……遍尋奢摩他。」	P338-L1～P338-L3 第三……求奢摩他。」
0011		奢摩他的體性（二）	09'10"	P16-L1～P16-L5 義謂隨所定解……諸法真實。	P338-L3～P338-L6 義謂隨所定解……諸法真實。
0012		毗缽舍那的體性	13'20"	P16-L6～P17-L4 毗缽舍那自性……隨此派者。	P338-L7～P338-L12 二毗缽舍那自性……隨此派者。
0013		依照經論認識止觀的體性（一）	11'05"	P17-L4～P18-L4 聖無著說……別解經義。	P338-L12～P339-L6 聖無著說……別解經義。
0014		依照經論認識止觀的體性（二）	15'02"	P18-L4～P18-L7 《菩薩地》亦云……是名奢摩他。	P339-L6～P339-L8 《菩薩地》云……是名奢摩他。
0015		依照經論認識止觀的體性（三）	14'37"	P18-L7～P19-L3 云何毗缽舍那……是名毗缽舍那。」	P339-L8～P339-L12 云何毗缽舍那……是名毗缽舍那。」
0016		依照經論認識止觀的體性（四）	10'18"	P19-L4～P19-L10 《般若波羅蜜多教授論》亦云……所作成辦。」	P339-L12～P340-L3 《般若波羅蜜多教授論》云……所作成辦。」
0017		依照經論認識止觀的體性（五）	15'33"	P19-L10～P21-L1 《集論》於……事邊際……有明淨分故。	P340-L3～P340-L10 《集論》……於事邊際……有明淨分故。

講次	章節	標題	音檔長度	奢摩他校訂本 頁／行	福智第三版 頁／行
0026		先修寂止，後修勝觀	12'24"	P27-L9~P28-L9 之理者……理相等故。（第五次第決定）	P344-L2~P344-L8 第五次第決定……理相等故。
0027		勝觀必須以寂止為因	12'18"	P28-L10~P29-L4 若爾，觀須寂止……下當廣說。	P344-L9~P344-L12 若爾，觀前修止……下當廣說。
0028		修成寂止與勝觀的不同方法	10'06"	P29-L5~P30-L1 是故觀慧……勝觀次第。	P344-L12~P345-L3 故若非僅由……決定次第。
0029	次第決定之理	依照清淨經論決擇止觀的次第	11'01"	P30-L2~P31-L1 若不以別別觀察……可憑信處。	P345-L3~P345-L8 若不以思擇……可憑信處。
0030		集論所說依觀修止之義	11'47"	P31-L2~P31-L6 又此止觀次第……第一靜慮以上之止。	P345-L9~P345-L12 又此止觀次第……第一靜慮以上之止。
0031		總攝止觀次第決定之理	10'20"	P31-L7~P31-L10 《本地分》云……乃可安立。	P345-L12~P346-L1 《本地分》云……乃可安立。

廣論止觀初探 第一卷 止觀總說

造　　　論	宗喀巴大師
講　　　述	真如
文字整理	釋如宏、釋如吉、釋如密、釋性蓮、釋性由、釋性華、釋性竺、釋如法、南海尼僧團法寶組法師
文字校對	王淑均、黃瑞美
責任編輯	李家瑜、蔡毓芳、廖育君
美術設計	吳詩涵
排　　　版	華漢電腦排版有限公司
印　　　刷	科樂印刷事業股份有限公司

出 版 者	福智文化股份有限公司
地　　　址	105407 臺北市松山區八德路三段 212 號 9 樓
電　　　話	(02) 2577-0637
客服 Email	serve@bwpublish.com
官方網站	https://www.bwpublish.com
粉絲專頁	https://www.facebook.com/BWpublish

總 經 銷	時報文化出版企業股份有限公司
地　　　址	333019 桃園市龜山區萬壽路二段 351 號
電　　　話	(02) 2306-6600 轉 2111
出版日期	2024 年 2 月初版六刷
定　　　價	新台幣 450 元
I S B N	978-986-98982-9-4

國家圖書館出版品預行編目 (CIP) 資料

廣論止觀初探. 第一卷, 止觀總說 / 宗喀巴大師
造論 ; 真如講述. -- 初版. -- 臺北市 :
福智文化, 2021.12
　　面 ;　公分
ISBN 978-986-98982-9-4 (精裝)

1.藏傳佛教　2.注釋　3.佛教修持

226.962　　　　　　　　　　　110008921